理解
·
 现实
·
困惑

不一样，也没关系

《我不是笨小孩》成长访谈录

李瑞华 樊启鹏 主编

中国纺织出版社有限公司

好饿的毛毛虫

好饿的毛毛虫

每天吃啊吃

变成了美丽的蝴蝶

我也每天吃啊吃

吃各种各样的书

于是

我也会变成美丽的自己

       张春燕

凯文不会飞

每个生命都是不同的
有人飞得早,有人飞得晚
相对于漫长的生命
某些方面早一点或晚一点
根本不那么重要
鸟儿总能飞翔
但却不是所有的鸟儿都能飞得像凯文那样高
你也能拥有可以飞翔的力量
飞得更高、更远的翅膀

张春燕

推荐序

文 / 舒华

自 2017 年纪录片《我不是笨小孩》的拍摄到现在，我已经与李瑞华、樊启鹏老师合作多年了，然而读到他们的新作《不一样，也没关系：〈我不是笨小孩〉成长访谈录》，我仍然感到了震撼。他们深度融入生活，3 个儿童和他们的家长面对访谈者、面对摄像机敞开心扉的话语，使我感受到了家长们是如何用智慧、爱心和坚持为孩子建起了一道成长的屏障，也使我们深感研究者肩负的重任。

在日常生活中，我们总能看到一些在学习上令老师、家长头痛的孩子。他们在学前阶段没有表现出明显的落后，然而上小学以后，在阅读和写字上遇到难以克服的困难。导致儿童阅读困难的原因是多种多样的。有些儿童由于家庭环境因素，不喜欢阅读，缺乏学习动机，造成阅读困难。对这种原因造成的阅读困难，如果能够改善环境，儿童的阅读问题就可以得到改善。阅读障碍儿童则不同，他们可能存在一些认知、生理、遗传问题，对这些孩子，家长的理解和支持则是更为重要的。

家庭是儿童安全感的来源，本书中 3 个家庭的家长的共同特点是他们坚持耐心地陪伴孩子成长。家长认识到阅读障碍的成因，还需要调整心态，克服急躁和焦虑情绪，长期坚持陪伴孩子的学习，对孩子的进步及时给予鼓励、对存在的问题宽容以待。家长需要用自己的宽容、耐心和理解，接受孩子的不完美。例如，虽然他们在阅读方面存在不完美，但他们可能是在其他方面更有特色的孩子。他们可能对事物有独特的视角，可能有很好的口语表达和社交能力，可能有更强的上进心、耐力和毅力，只是他们的学习方式不同于其他同学，在经典的教学体系下，他们的特点和优点往往会被忽略。

家长和老师需要面对现实困难，细致观察，积极思考，发现孩子学习和生活中的兴趣和爱好，帮助孩子形成积极的学习态度，营造良好的学习环境，引导他们热爱阅读；培养其创造性思维、审辩式思维、策略推理等能力，解决学习中遇到的问题；也要帮助他们适应周围环境，积极参与群体活动，建立学习和生活上的信心。

李瑞华、樊启鹏导演的纪录片《我不是笨小孩》的播出使阅读障碍儿童第一次得到全社会的关注，这本访谈录的出版将进一步使社会听到孩子、家长以及社会各界的心声，让他们在如何与有学习困难、阅读障碍的孩子相处方面得到更多的启示和借鉴。

近年来,国家先后发布了《"十四五"特殊教育发展提升行动计划的通知》《关于构建优质均衡的基本公共教育服务体系的意见》等文件,我国已经在特殊教育优质融合发展,制定阅读障碍教育、评估、诊断和干预的伦理规范,建立医生、康复师、学校心理健康教育、特殊教育等专业化队伍等方面迈出了重要的步伐。

建构一个特殊需要儿童友好型社会,需要全社会各界人士的共同支持和努力,让人们能够看到这批孩子,理解他们,帮助他们获得适合他们的教育支持。

舒华

北京师范大学认知神经科学与学习国家重点实验室教授

序

文 / 樊启鹏

一

《不一样，也没关系》的出版，是对我自己的一个交代，也是对大家的一个交代。

工作以来，我投入影像制作的时间，远远超过了文字，出版这本书是我这 3 年最大的心愿。

纪录片《我不是笨小孩》播出后，有不少观众反馈，科普做得不够，有关阅读障碍的内容太少。大家的眼睛是雪亮的。确实，纪录片在"忙于"讲故事，知识和道理退居了其后，专家访谈也只零零碎碎用了一些片段，家长和孩子们的心路历程也没法在 3 集纪录片中详尽展现。

面对硬盘里的海量素材，我感觉，这就像是我欠大家的一笔债。

对于观众，这些文献应该属于大家，不应该被束之高阁。

对于拍摄对象，他们原本和我素昧平生，因拍摄纪录片而相识，他们真诚且毫无保留地分享自己的经历和智慧，这份信任也是一种嘱托。

把这些内容整理出来,图书或许是最恰当的方式。

二

这是基于纪录片的一本访谈录,它和纪录片相关,但并不是纪录片的文字复原。无论是否看过纪录片,都不妨碍本书的阅读。

我们试图在书中借助孩子、家长和老师的多重视角,最大程度还原3个孩子的成长历程。他们的遭遇牵动人心,很多观众都关注他们后续的发展。纪录片播出后这3年,他们在不同的人生轨道获得新发展:校校初中毕业选择了一所职业学校,群晓在原来的学校升入了新设的高中部,若汐转学去了天津。2023年,我们分别采访了他们和家长,以便读者了解其近况。

舒华教授和李虹教授从事阅读障碍研究多年,她们在访谈中详细介绍了阅读障碍的成因、表现、识别方法,以及如何全方位帮助这些有特殊教育需要的孩子。纪录片只选用了她们的只言片语,她们表示理解;本书几乎全部搬用了她们的访谈,她们也毫无异议。

本书还新增了一些纪录片中没有的人物访谈。北京大学第六医院的王久菊博士自2006年起,就开始从事阅读障碍研究,她有丰富的临床经验,并参与制定阅读障碍的诊疗标准；北京市西城区教育学院融合教育中心学习特殊需要教研组主持人王玉玲老师，在教研实践中接触和帮助过大量阅读障碍儿童，在纪录片策划和制作阶段也给予摄制组很多帮助；北京联合大学特殊教育学院张旭副教授长期从事学习障碍与情绪行为问题研究，坚持深入一线，指导近百所小学进行个案干预。他们的分享有助于帮助读者从更多角度全面了解阅读障碍。

2022年7月，我曾应邀参加两期节目，一次是在"读库"与张立宪先生、郑枫女士交流，另一次是在东方卫视的《我相信》节目中，与韩雪女士、萧敬腾先生对话，内容都与阅读障碍相关。郑枫是阅读障碍儿童家长，创办"飞米力"读困家庭社群，致力于帮助读困儿童和家长；萧敬腾坦诚分享自己的读困经历，而且多次为这个群体发声，都很让人钦佩。经授权，特将两期对谈节目整理成文，收录到本书当中，以帮助读者从更多视角了解阅读障碍群体。

三

这不仅是一本关于阅读障碍的书，更是一本关于成长、接纳、疗愈、打破自我认知边界的书。

决定拍摄《我不是笨小孩》之前，我对阅读障碍一无所知。决定拿起摄影机，并不是因为我比观众懂得多，恰恰相反，是因为深感自己无知。

最初听到这个概念，有些许了解的时候，我震惊于自己的局限。拍片过程中，身边也突然"多出"很多阅读障碍者，有些是新结识的，还有一些原本就是熟人。他们一直都在身边，只是我不了解而已。

人总是限制在既有经验中，习惯于以自我为中心，对太多的人和事漠不关心，或者总是做出自以为是的判断。我们每天面对的、握手的、交谈的，其实大都是熟悉的陌生人。

遗憾的是，我们只能记录和讲述已经被发现的案例，更多的孩子还不被看见。希望这本书能被更多的人看到，希望阅读障碍的孩子都能被看见，都能被理解。

在短视频包围下的影像时代，让人翻开一本书并不是容易的事情。希望有缘翻开书的读者，能感受到访谈对象的真诚，在倾听对方的时候，也能照见自己。

樊启鹏
2024 年 3 月 1 日

CONTENTS 目录

引言：我们都是"困兽"   001

壹 我的孩子，不一样

校校

我不是孩子的敌人（校校妈妈）	014
我愿意跟儿子一起成长（校校爸爸）	030
做最好的我，在我最好的方面（于昊老师）	038

群晓

家长能做的主要是创造环境（群晓妈妈）	050
孩子有自己的生命节奏（群晓爸爸）	062
并不是你一个人跟大家不同（张春燕老师）	074

若汐

我能做的就是保护她（若汐妈妈） 082

我希望孩子每一天都留下快乐的回忆（若汐爸爸） 092

099 贰 我不是笨小孩

上天会给我打开一扇窗（校校） 100

存在即有价值（群晓） 122

这个世界本来是不完美的（若汐） 142

157 叁 聪明的笨小孩

正确认识阅读障碍（舒华） 158

接纳孩子的不完美（李虹） 174

临床诊断与干预（王久菊） 186

一份特殊的礼物（王玉玲） 204

他们是有特殊教育需要的孩子（张旭） 218

233 肆　再见，笨小孩

我喜欢无拘无束的生活（校校）	236
带着问题正常地生活（校校妈妈）	242
不要让环境定义你（群晓）	254
知行合一，并坚守（群晓爸爸）	264
找到自己的位置（若汐）	274
人生因此而更丰富（若汐妈妈）	282

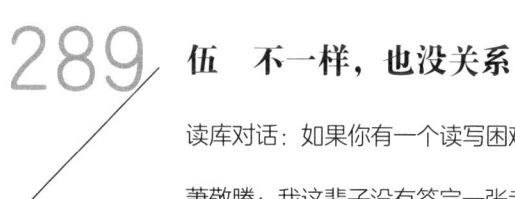

289　伍　不一样，也没关系

| 读库对话：如果你有一个读写困难的孩子 | 290 |
| 萧敬腾：我这辈子没有答完一张考卷 | 299 |

| **致谢** | **305** |
| **附录　给中国家长、教师的资源清单** | **307** |

＊本书人物图文均已获得当事人授权。

引言：我们都是"困兽"

文 / 李瑞华

从 2017 年年底开始拍摄纪录片《我不是笨小孩》，至今已经过去了六七年。这期间，我对 3 个孩子的学习困境和家长们的焦虑感同身受，他们经受着学业上的煎熬，我在镜头里体验着他们的这种煎熬。某种程度上，我们都是"困兽"。

让社会看见这群被误解的孩子

拍摄之前，我并不清楚阅读障碍是什么。

一次特别偶然的机会，我有幸认识了舒华老师和李虹老师。李老师开设了一门课程叫《阅读障碍：从诊断到干预》。课上，我才第一次知道阅读障碍。李虹老师提及一位父亲，这位父亲在课上分享孩子的经历时情不自禁地潸然泪下。他内心究竟有着怎样的痛苦，才会当众泪流满面！很多人——包括父母和教育从业者都不了解阅读障碍，很多孩子都被误认为是"笨"或者"懒"，被认为是学习态度不好，常年遭受误解和歧视。

舒老师团队做了大量的相关研究和推广工作，但她还是说:"太慢了!我们想做更多,但有时候力不从心。"李老师说:"孩子只长大一次,错过就是永久性的。希望更多的人知道阅读障碍,意识到这是一群有特殊教育需要的孩子。期待有一天,教育政策能有所改变,能更有效地帮助他们!"

我查阅了大量资料,除了印度电影《地球上的星星》和零星科普短片之外,几乎没有深度跟踪拍摄阅读障碍儿童和家庭的纪录片。于是我和樊启鹏提出拍纪录片的想法,没想到立即得到了两位老师的大力支持,后来邢爱玲老师也给予了很多帮助。3位老师不仅提供了专业支持,还引荐了很多家庭。经过考察和调研,我们最终选定了校校、若汐和群晓作为拍摄对象。

校校:除了读书写字,对一切都充满了好奇

最先接受拍摄的是校校,当时他刚上四年级。

第一年,我们的主要工作不是拍摄,而是与校校一家人相处,建立信任关系,让他们接纳摄影机。我陪校校写作业、逛书店、玩游戏,有时带他去我家,和我的孩子一起玩。慢慢地,我看到了他的另一面——他总能巧妙地隐藏自己的痛苦,从不把自己的脆弱展示给外人看,眼泪到了眼眶边缘,也能悄悄憋回去,转头留给摄影机的总是一副笑脸。

除了读书写字,校校对一切都充满好奇,他对摄影机尤

其感兴趣，总想弄清楚镜头背后的东西。他有超常的社交能力，在学习之余异常活跃。他随时朝着镜头耍宝，突发奇想表演脱口秀。在拍摄的时候，随时和我互动聊天，发现镜头上的灰尘就凑过来吹气。他们一家人都拥有幽默风趣的灵魂，都是段子手，家庭日常对话就像是群口相声。

纪录片是我们之间友谊与信任的产物，片子是我们和拍摄对象共同构建完成的。校校妈妈是一位资深影迷，她经常给我一些建议，告诉我应该怎样直观呈现阅读障碍。在拍摄校校写字的时候，看到校校天马行空造出来的字，她当场就抓狂了，冲着镜头指挥摄影机："来，拍我！"我立马调好镜头跟踪她的动作，拍下了她痛苦"挠墙"的画面。我理解她的良苦用心——她把自己的痛苦外化为动作展现出来，让她的焦虑更有画面感和说服力。

剪辑的时候，她三天两头往机房跑，各种版本看了一遍又一遍，一会儿哭，一会儿笑，从来没有提过一条修改意见。机房是她的一个出口，暂时远离孩子的作业和成绩，顺便让校校也能享受片刻的自由。她也是我们团队的调和剂，因为她的调解，两位导演之间也少了很多"战争"。

校校妈妈在片子里显得很强势，纪录片播出之前，我们有点顾虑，担心传播后会引来网络暴力，她却付之一笑："我本来就是这样，都是真实的，怕什么！"

若汐：学习就是需要熬过去

刚开始拍摄若汐的时候，她只有 8 岁，上三年级，她的常态就是深深地扎在书桌上，费劲地写作业。她一直憋着一股劲，希望有朝一日能得到老师的肯定。若汐妈妈说她从来没有得过一张奖状，特别需要鼓励，我就想记录她是如何获得人生第一张奖状的。

纪录片不可能完全按照预想的来。三年级寒假，她语文考了 46 分，全家人的信心备受打击。一年后的一次月考若汐终于及格了，她慢慢有了信心。期末成绩揭晓的那一天，若汐没有领到学校的奖状，但她走出校门时满脸欢笑，她考了 78.5 分，这是史无前例的高分。现实的走向超乎想象，回到家里，妈妈给若汐颁发了一张家庭奖状，现实以让人无法预料的方式展开时，其魅力扑面而来，这也是纪录片最让人着迷的时刻。

我一直都在尝试让若汐敞开心扉，可能因为年纪小，前 3 年的几次采访，她都没有讲出自己的经历和感受，但能感觉到她心里其实深藏着很多东西。纪录片的拍摄需要耐心等待。六年级，考试增多，同学的嘲笑不绝于耳，若汐开始害怕考试，逃避学校，有时甚至在有考试的日子，要求妈妈帮她请假。

2020年12月5日,我对若汐进行了一次深入的采访。开机前,我先给她做了心理建设。若汐鼓足了勇气,说出了6年的煎熬:"学习就是需要熬过去。我不害怕考试,但是当别人嘲笑我的时候,我就在乎那个分数了。"对于如何看待阅读障碍这件事情,她略加思索后告诉我:"世界本来就是不完美的,可能人也不完美。"在若汐选择说出这句话的那一刻,她和自己达成了和解,接纳了自己的不完美。

拍摄若汐时,更多的时候是等待与陪伴,陪伴若汐一家熬过一次次考试,体验她的失败,见证她重新爬起来。3年里,摄影机也成为支持她的一种力量,让她感受到来自外部的关注与肯定。也因为我们3年的等待,一直没有放弃,才等到了若汐内心的释放。

群晓:他不能放过自己,反复挑战自我

群晓是幸运的,因为他父母及早发现了问题。很多孩子在三、四年级才被发现,而群晓在一年级上学期表现出写字困难,一年级下学期就找到了舒老师的科研团队,开始接受专业的干预。

群晓也是不幸的,他在小学低年级的时候,因为考试成绩差,遭遇了同学的歧视,这段不愉快的经历成为他真正的"障碍",他对自己的评价很低,总觉得自己笨。一个7岁的

孩子，在外出游玩遇到寺庙时，突然自己跑进去许愿，祈求神明带给他智慧和幸运，帮助他考出好成绩，不被别人嘲笑。

2018年9月17日，我第一次见到了群晓和他的妈妈。群晓是一个对自己要求很严苛的孩子，超常自律，他妈妈说"他不能放过自己"，一个字如果记不住，他会一遍遍地记，甚至往自己身上"刻"。

摄制组常常和他一起往返于北京和晋中之间。接触久了，我发现群晓总是紧绷着脸，很少笑。他敢于挑战自己的短板，也不惧权威，勇于在课堂上表达自己，老师盛赞他思维独特。对于他来说，成长就是反复地挑战自我，无论做什么事情，从不轻易妥协和放弃，从不将就。"挑战自我"就很自然地成为本集的主题。

学校给了群晓宽松、友善的环境，班主任武俊梅老师非常理解群晓。在这里，不但没人把阅读障碍当回事，他还可以拥有自己的学习节奏，得到了特别的关注与支持。

学校对我们的拍摄完全敞开，摄制组跟着群晓一起上课，参加学校的各种活动。在长期的跟拍过程中，我们很多时间都是在一旁默默地观察。群晓对成绩有执念，小时候被嘲笑的经历刻骨铭心，他一定要考出好成绩来证明自己。每到考试之前，他会特别焦躁，他希望自己能做到和别人一样好，他总是与自己"死磕"。

纪录片常会遭遇偶然性，无法预知明天会有什么意外发生。群晓在各方面取得明显进步的时候，学校却出了问题，因资金问题，学校要在期末就地解散。这一突发事件，也打乱了群晓一家的计划，群晓何去何从突然成了一个问题。

我在火车上抓拍到群晓看着窗外的近景侧脸，他站在车厢过道里，火车穿过黑暗隧道。我喜欢这个镜头的镜像，也似乎从中看到了群晓的自我认可，我将它用在了结尾。

片子要播出之前，群晓给我发来一段语音，其实是他说给自己的话："你的努力、付出还不够。是的，我认为只要努力到了，就一定会有成果，或许别人的天赋以及方法比你的好，可是只要有足够的努力，比别人多的努力，比别人多出足够可以弥补天赋及方法的努力，那你就一定能够收获属于你的果实。"

群晓是不幸的，他被阅读障碍困扰，要付出比别人更多的努力，群晓也是幸运的，障碍成为他的动力，让他不断超越自己，终有一天，"会当凌绝顶，一览众山小"。

接纳每一个不完美的生命

这几年，3个孩子就像困兽一样，在和一个看不见的敌人展开一场看不到尽头的战斗。我也像一只困兽，在小心翼翼地使用纪录片这把"利剑"刺向现实，与此同时，我也一直在思考到底要向观众传达什么，我为什么要做这部纪录片。

我们不想只是呈现阅读障碍问题，更不想讲述几个悲情故事。对我的拍摄对象而言，最痛苦的不是阅读障碍本身，而是别人对孩子的不理解。我们希望孩子们能够被理解，被家长、同学、老师理解，被整个社会理解。他们并没有过错，他们只是与众不同，是一些有特殊教育需要的孩子。

纪录片《我不是笨小孩》不只是面向10%的阅读障碍家庭，也同样期望对每一个养育孩子的家庭都有意义。我们希望观众能看到现实背后的东西：社会、家庭到底应该怎样去爱孩子，如何接纳不完美的小孩。每个人都不是孤岛，都需要被看见，尤其是孩子，每个孩子都有自己与生俱来的特质，每个孩子都有自己成长的步调，只不过在现在的教育生态中，家长恨不得把孩子培养成卓越的全才，如果一直让孩子去做不擅长的事情，对孩子来说是很痛苦的，更重要的是要帮助他们认识自己，接纳自己，找到所长，给予他们爱与尊重。

多数"差生"不一定是"差生"，他们是"闪光点"尚未被发现或思维还没有"觉醒"的学生，我们不能用同一个标准去衡量所有的孩子。希望每一个不完美的小孩都能被重视与理解，都可以按照自己的节奏去享受成长。

对我而言，拍纪录片是一次疗愈之旅，我也与自己的局限性达成了和解，找到了自信。我就是我，每个生命都自带光芒。

在制作纪录片的3年多时间里，我曾多次访问3位小主角，还有他们的家长和老师，以及有关专家，这些访谈内容不仅帮我们更深入的了解记录对象，也加深了我们对阅读障碍的理解。遗憾的是，纪录片只使用了其中很少一部分素材。本书的出版弥补了这一遗憾。后文的主体内容就由这些采访[①]整理而成，为了追踪孩子们的成长变化，我们又特意补充了一部分采访，以期相对立体地呈现3个孩子的遭遇、成长轨迹和家长的心路历程，以及专家们相对详尽的权威阐释。

---

① 本书大部分访谈的时间为2018~2020年。2021年"双减"政策后，孩子们的学习环境得到了很大改善。

壹

我的孩子,不一样

我的孩子，不一样

Xiao Xiao

校校

校校

《我不是笨小孩》第一集主人公,2014—2020年就读于北京市海淀区民族小学。

在那几年拍摄的相处中,我陪着校校写作业,带他去我家玩,和他一起逛书店,一起玩游戏。我看到了在快乐的外表下,校校巧妙掩藏起来的痛苦,校校从来不把自己脆弱的一面展示给外人,再难受再痛苦,他也会把眼泪憋回去,转头对着我笑。我深切感受到校校在学业上的挫败感,也清楚了解困扰他们一家人的压力所在和他妈妈焦虑的原因。

"我不是孩子的敌人"

——校校妈妈

壹 我的孩子，不一样 / 015

访谈对象：
李绿坛，校校妈妈。

访谈时间：
2018年10月1日，校校小学五年级。

知道问题所在,就释怀了

李瑞华(以下简称李):您是怎么发现校校的阅读问题的?对他的认识和干预,这几年经历了什么样的过程?

校校妈:一、二年级时发现他写字比别人慢,而且写不对。我感觉他的顺序感有问题,写字的时候会倒插笔画,想起哪笔写哪笔,写的字好像画画似的,这儿写一笔,那儿写一笔,把字凑全就行了。下一次再写的时候,也没有笔画顺序的关系,他会写错字,会丢字落字。

读就更不用说了,他无法准确地读出字来。"农民"他能读成"农庄",他读的都是他脑子里联想的东西。他虽然看见这个字了,但脑子里识别字的系统没有识别到,他认识"农",所以就开始联想,开始猜。

李:校校一、二年级考试一般是什么样的成绩,你们会拿他与其他同学比较吗?

校校妈:一年级的时候语文60多分,我记得好像是65分,没记错的话,其他同学都在95分以上。我们没想那么多,就觉得他没上学前班,人家好多孩子都学过了,可能需要一个学习的过程。到二年级的时候,他的语文考试不及格,老师也找我们，这才意识到问题。当时他被诊断出ADHD（注意缺陷与多动障碍，也称"多动症"），我们认为他是注意力不集中的问题，二年级下半学期到三年级，我们才发现他是阅读障碍，也在北京大学第六医院（以下简称北医六院）确诊了。这时候我才知道，很多ADHD都伴随着学习障碍，这个障碍有很多种类型，我的孩子刚好是阅读障碍。这比单纯的ADHD更复杂，行为上难以自控、多动，同时，准确地阅读和识别字词也有困难。发现这个问题后，我们开始跟着医生参加了一些干预训练。

李： 他数学一般考多少分？

校校妈： 数学一直在70分左右。

李： 面对这种成绩，你们当时的心理状态是怎样的？

校校妈： 说实话，我了解他的情况，他学得不好，不扎实，当然有落差，毕竟人家都得90多分。但是与其他孩子相比，我没觉得孩子在其他方面有什么问题，他仅仅是写字慢。

李： 您当时着急吗？

校校妈： 着急？着急什么呢？不是因为他考得不好，而是他记不住字。教一遍记住了，准准确确地记好了，第二天再写一遍，到第三天的时候，他又不会了。我才意识到问题，他不是不识字，他的错误是随机的，直到现在五年级，他自己名字的三个字还会写错。你觉得他是不认识这三个字吗？不是，就是下笔那一刹那，就写错了，而且他自己看不到错。英语也是，B和D分不清，他看不出来，他觉得他写的是对的，他脑子里是D，但他写成B了，他还看不出来。

知道问题所在，我就释怀了。原来不是因为他的态度有问题，也不是孩子不努力，而是因为他和其他孩子不一样。从那个时候开始，我们对他的要求就没有那么高了，60分万岁，及格就好，让孩子找到自己的路比较重要。

别人的方法未必有用，得让他自己想办法

李： 从发现问题到现在3年了，校校状态如何？

校校妈： 他是越来越好的。二、三年级发现这个问题以后，我们就开始主抓生字，因为那时候阅读理解的学习内容还少，主要还是学写生字。首先我们先要保证孩子能理解，但不会写字是个问题。

那时候，别的孩子都读书了，校校却连漫画都不愿意看。

于是，我们在有声书平台把所有的名著都听了一遍，从《三国演义》到《基督山伯爵》。《基督山伯爵》我听得都费劲，好多很复杂的名字，这本书我是上中学的时候看的，他现在已经开始听了。我们尽量用听的方式去弥补"看"的缺陷，不要让他知识断层。

考试方面，尤其是数学开始有应用题了，有"坑儿"就往里掉，所有的考点他都看不见，周长和边长分不清楚。他小时候自己想出些办法，看到"一共"就加，看到"比"就减，可是现在遇到复杂的应用题就不行了。学习上咬牙跟着，及格就行。

大家都认为阅读障碍的孩子不能很好地识别字，所以要用指读的方法，让他把字念好、念清楚，慢慢地念。但是我发现，这是没有阅读障碍的人想出来的办法。

我有一个好朋友，她跟我聊天后，才发现她自己就是阅读障碍。她说："从小到大，都是我哥我姐给我读书，我就是看不懂题。但是现在发微信聊天也没有什么问题。"我意识到一个问题，得让他自己想办法，不要逼着他用普通人设计的方法去解决阅读障碍的问题。所以我的要求就放开了，念不准就念不准吧，看到"刮风"念"下雨"，也没有关系，给他的大脑放松一下，不要用我们的方法，让他的大脑自己找出一条能够读懂东西的方式。

我们从三年级开始就每天阅读打卡。读不准没关系，慢慢读。我突然发现，他也能把文章的意思马马虎虎地读懂了。虽然他没法完整地把文字用语言表达出来，但是文字的意思，他能理解得差不多。

做数学题时，指读是必须用的方式，因为差一个字意思就完全不一样了。老师要求划重点，划关键词，这个对他来说的确很困难。你光跟他说划出关键词是没有用的，因为他根本找不到关键词是什么。不能笼统地跟他说划重点，他找不到重点，要告诉他什么是重点，这样才好一点。

四年级时，他已经对阅读有心理障碍了。他会抵触，因为读不好嘛，每次都读不准，读课文也读不准。但我们发现，相比之下，他读古诗要比读现代文好得多。为什么？因为古诗里每个字之间的联系不大，一个字是一个字，而不是一个词是一个词。五年级，其他同学朗读时，是一句话、一句话地读，他还是一个字、一个字地蹦，然后在脑子里再组合，再去想，当然要慢很多。

所以在阅读方面，他肯定是要进行训练的，这是一个强化的过程。让他自己找适合自己的方法。虽然可能我说一百句他只能听进一句吧，但是我知道他心里是明白的。包括他现在犯的一些错误，找茬儿、拧巴，都是他想自己做主的表现。在五年级上学期，阅读障碍和学习问题被放到次要位置，关键还是行为、品德，怎么能够好好地在社会中与人相处，我认为这些更重要。

在不擅长的领域，我们每个人都是笨的

李：您觉得他是一个笨小孩吗？

校校妈：这个问题你问过我，我当时的回答跟现在是一样的。怎么理解这个"笨"？如果说一个孩子在理解 2 加 8 等于 10 之后，马上能联想到 8 加 2 也等于 10，10 减 8 等于 2，10 减 2 等于 8，如果以这个标准来评价聪明的话，那我的孩子是个笨小孩，他没有办法联想这些，但我不觉得这是差耻。很多人都不想说孩子笨。其实这跟有的孩子运动不协调，有的孩子是色盲，有的音感不好，不是一样的吗？

他 7 岁上一年级的时候，做瑞文推理测试，他的得分在 75%~90% 那一档。大夫说："呦，这是一个聪明孩子呀！"当时我不太理解，这么几年下来，看了好多人的测试结果，我才知道他是一个智商不高但是情商很高的孩子。他是笨小孩吗？他在某些方面是笨的，但是在某些方面不笨。在不擅长的领域，我们每个人都是笨的。我在音乐上是一个笨得不行的人，听不出各种音色，但我在其他方面不笨。所以，"笨"

不能概括孩子的全部。

李：您有没有从别人口中听到对孩子的负面评价？

校校妈：没有。大家都跟我说，你别说他笨，校校一点都不笨。老师也说他不笨，他很好啊。我觉得可能"笨"这个词儿，只有我和他爸在生气的时候才会说出来。所以关于"笨"这个伤人的词，大概来源于家庭内部，周围人不会那么说的。但他同学肯定会说，因为同学也是小孩。

他只是阅读障碍儿童，没有其他的问题

李：会被他气哭吗？

校校妈：气哭倒不至于，但是"生无可恋"是有的。作为家长都希望把自己这一辈子学到的经验尽快告诉孩子，但是孩子需要自己去慢慢走，而且尽量消解抵触情绪吧。我们已经忘了我们小学怎么学习的了。我小时候也有学习的问题，这是肯定的，马马虎虎，但是我没有写字的问题，我的作文总是全班最好的。所以我觉得，我可能无法更深地体会和理解他的痛苦。

该骂还得骂，该愤怒还得愤怒，该跟老公吵架还得吵架，

但是生活还得继续。我每次都在想，等校校到18岁，我也想过我自己的生活，放松放松。现在，自己得想办法，我是成人了，他是孩子，我得想办法处理我的情绪，尽量控制自己，别发火。虽然不一定拉得住，但是至少心里明白，我要是再发火下去的话，我要是自己崩溃的话，全家都得崩溃，那今天不但作业写不完，明天可能上学都要受影响，当你意识到这个问题的时候，我相信你会控制住自己的。

我经历过那种崩溃，依然还会吼，还会叫，但是已经没有躲着哭了。哭什么哭啊，有那功夫还不如先分开一下，给孩子一些空间。你天天督促他，天天看着他，也学不好。我也会回想我小时候，我爸我妈管我的时候，我好像也没念他们的好。所以方法是个关键，方法不对，事倍功半。

校校也有可爱的一面，除了学习和写字之外，他都很好。你看他过来给咱们送橘子，你会觉得是小暖男一个。但是我的解读是，他自己知道刚才有点儿不好，他想找个办法缓和一下情绪，他会哄你。虽然在学习方面，跟同学相差很多，但是他有很多优势。他非常自立，而且他有很强的危机意识。包括独自外出，他会想很多办法去解决问题。毕竟不能十全十美嘛。我的孩子只是一个阅读障碍儿童，他没有其他问题。

我很高兴，我的孩子能有自己的主见

李：如果有家长还没有发现孩子这个问题，只是觉得学习成绩差，他们应该怎么办？

校校妈：找专家，找权威机构。咱们不要道听途说，我也遇到过。我孩子有问题，什么叫有问题？去医院检查呀，医生会告诉你相对准确的结果，会告诉你接下来该怎么做。你生病了不上医院去看病，就自己贴膏药吗？不可能，找到困扰你的这个领域的公认的科学权威，才是解决问题的开始。

校校有些"逆反"，我深刻理解这个词代表的不公，它是从成人的角度定义的。事实上，这是孩子自我成长的一个阶段——他有主见了，想自己做主了。我很清楚，我比较强势，我已经尽量让他自己的事情自己做主，可以说是痛并快乐着。他敢说"不"，敢想，不管这个想法在我们成人眼里是多么荒谬，多么不切实际，但是他敢想，敢想才能敢做。我很高兴，我的孩子能有自己的主见，将来长大的时候，他不会随波逐流。当他自己想做一件事情的时候，他不会妥协，将来他能得到他想要的生活。现在这个阶段是痛的，但是该坚持的还得坚持，该放松的就放松吧，所以痛并快乐着。

他在学校里学习成绩不好，打架、惹事，这些事情都有。原因是有的同学做了一些过分的事，我觉得叫"霸凌"可能有点夸张，但这种无形的压力是很多的。校校有一个特点，他不告状，他回来从来不说学校的事。后来旁敲侧击，你就会知道有人冲他竖中指，骂他，然后在他的本上乱写东西，这些他都自己承受了。我很希望他能告诉我，妈妈今天谁对我怎么样了，我也希望像别的家长那样，去跟人家聊聊，说你不要这样，但是他没给我这个机会，他都自己默默承受，说"妈妈我不想说"，这一点我也尊重他。

跟老师相处时，也会有很多问题，他都选择自己处理。我有时候也担心他，但是，让他尽早自己面对自己的问题也是好的。

我和校校有一个"4+1"的约定：第一是不说谎，不作弊，我觉得这是一个基本道德准则问题；第二，不伤害别人的身体和感情；第三，不扰乱公共安全，不影响公共安全；第四，遵守当时当地的规则。加"1"是什么呢？就是用正确的方式解决问题，他现在可能不理解，但我相信他长大成人之后就会知道，出了问题应该怎么解决。比如同学骂他，说他给班级抹黑，他肯定心里很难受，小的时候可能默默忍受，当他有一定能力的时候，他可能会有其他办法。

他是一个很独立的孩子，你看着他表面嘻嘻哈哈的，其实他该疼的地方疼，该难受的地方也难受。他在除了学习之外的各个方面，都在正常地发展。

每个孩子都不一样，将来他总会发光

李： 上次在学校见到他，他已经在读《三国演义》了。

校校妈： 对，现在他读得已经很好了，虽然他依然不能完整准确地把每个字读出来，但是他已经能摄取大部分信息了。虽然现在还达不到老师的标准要求，但是我们也努力跟上。校校背诗没有问题，他记忆力是没有问题的，我认为这个能力会让他终身受益。我在考虑，他如果以后不能很好地读书的话，要干点什么，学点什么本事？这些该是他自己思考的事情，他现在也该开始思考了。

我比较强硬，可能跟我从小受到的教育有关系。我很感谢我父母对我的教育，他们把我教育成了一个自立的人，能独立思考的人，不人云亦云，也不随波逐流，但是必要的时候我会用正确的方式寻求帮助。

我也想明白了，我为什么要跟孩子成为敌人呢？我不是要把他养育好，然后我们俩各自过得很好吗？那我该退的时候就退，该管的时候就得管，因为每个孩子不一样，有的孩子他是很谨慎的，校校不是，这是为了防止他受伤，希望他能行事更加谨慎。

李：您有没有想过，不管校校作业上的问题，您放开他，让自己也解放？

校校妈：我曾想过辅导一段时间之后，慢慢让他自己"上路"。后来发现，现实与理想是有差距的，他没有"上路"，他也不再听我的了，或者说我强迫他写作业已经没有意义了。

我们每年寒暑假的时候，都要提前把语文生字先学一遍，因为写字困难嘛，把英语单词也要提前都背了。今年呢，我不想让他提前学了，我估计他也不愿意提前学了。现在已经到了我不能强迫他写东西的时候了，他的人生总归要他自己去负责。

回想起来，我们小的时候都不愿意被别人强迫去干一些事情，别说学习了，包括做家务这些事情，我都不喜欢别人指手画脚。

我要开始慢慢地往后撤，给他空间，允许他摔跟头，允许他犯错。

我觉得"爱"这个词比较宏观，不好理解，更多的应是责任。累不累？说实话，一点不累，乐在其中，很好玩。就像接受挑战似的，我一直做女儿，然后做妻子，做朋友，做同事，突然做了妈，很有意思。除了累，他带给我喜悦和美好的地方也很多呀！我有时也会想，别人的孩子是怎么样的，怎么人家都能考100分，自己的孩子却不及格呢？但是反过来想，校校有很多优点啊。他从小就很坚强，打针也不哭；他为人比较随和，而且会回应你。两三岁的时候带他出去，他总是笑嘻嘻的，别人问什么话他都能答，性格比较好。上学以后，虽然学习成绩不太好，淘气，有各种各样的问题，但是他比较乐观，比较开朗。正常的情况下，他应该不会抑郁，不会因为某件小事而想不开，这些都是他的优点。做人不能太贪心，哪有十全十美的孩子。他仅仅是识字不好，这个问题不至于太影响他以后的生活，将来他总会发光的。

李：在教育问题上，孩子是父母的一种投射。从您的角度来说，我们教育孩子最重要的是什么？

校校妈：听自己的，别人的意见都是参考。没有人像你一样，生了他，养了他。没有人知道他第一次喝奶什么样，他吃饭什么样，所以其他都是参考。不明白的时候听自己的，即使后悔也不会怪别人，只有你才是最了解他的。没有人比一个妈更爱自己的孩子，别人说的虽然都有道理，但那是针对他们孩子的经验。我认同"孩子是父母的一种投射"。你了解我跟校校爸,我们都爱聊天、爱说话、爱沟通,所以校校不会是一个很闷的人。他先天就属于骨子里很强的孩子,你非要把他拧成一个闷头学习或是其他的样子是不可能的。种瓜得瓜,你种的茄子长不出辣椒。别人的好多经验我们也在借鉴,但是到了关键时候,还是要自己去判断。

"跟儿子一起成长"

——校校爸爸

访谈对象：

徐勇，校校爸爸。

访谈时间：

2018年1月3日，校校小学四年级。

孩子成为家庭的核心

李： 面对校校的学习成绩，您当时是什么心态？

校校爸： 说心里话，我的压力的确很大。自己的孩子没有教育好，首先要反思自己是不是负有主要责任。

海淀区对学习的要求很严，他的学习成绩是我们很难接受的一个现实，因此导致了一些不良循环，我们有时候为了追求成绩，影响了家庭生活。校校每天回来的第一件事就是写作业，写完作业后，大家情绪就不怎么好了，好心情全部消磨掉了。久而久之，家庭生活的气氛和生活质量都受到很大影响。

我们在跟其他家长一起出去玩的时候，谈论到学习时，我多多少少会有一些自卑感。当然，我跟他同学家长相处不错，这也缓冲了校校给我带来的负面压力。

李： 您辅导校校做作业的时候，会发火吗？

校校爸： 当人的耐性到了极限的时候，肯定需要释放。都是人，肯定会有一个极限，小朋友也会尝试你的底线，看你什么时候会放弃。我经常会要求自己耐心一点，但是我也有经受不住他考验的时候。

在家庭里面，我跟太太之间发生分歧的次数要比在外边多，主要是因为校校的学习。我们各自有各自的想法，想统一意见很难，甚至我稍微一纠正他的坐姿，就会引起一些没有必要的争吵。我们知道了他的阅读障碍以后，调整了好多，但有时候还会控制不住，发生矛盾的次数虽然越来越少，但情绪管理这一块我确实做得还不够，还需要增加自己的修养。

李：关于校校的教育方面，你们还有其他的分歧吗？

校校爸：校校的学习主要由他妈妈负责。我跟他妈妈观念的最大不同是什么呢？校校有阅读障碍问题，我想有些课外班是不是能够停下来，现在不是强化他学习的阶段，还不如让他快快乐乐地去玩一玩，放松一下，但是他妈妈说不行，不能放弃语言。这可能是个分歧吧。

李：您抱怨过太太吗？

校校爸：抱怨谈不上，因为都是教育孩子，但情绪宣泄确实有。校校是家庭核心，这导致我们生活和工作的核心都向他倾斜、转移。一般家庭中，父亲的权威比较大，我们家妈妈主抓教育，我把所有的权威都给她了，我们家可能有点虎妈猫爸这种感觉。

李: 在你们家庭生活中,你们夫妻之间有彼此独立的空间吗?

校校爸: 校校没上学前,我们都有各自的空间,有各自的朋友。从他上学以后,就一步一步变了。刚开始,我还可以跟朋友一起出去度个假,有时会带着校校。随着他学习问题一点点加重,我们只能把更多的时间放在他的学习上,我们的自我空间就缺失了,甚至说是被放弃了,所有的精力都放到他身上。

我们调整了教育策略

李: 从一个爸爸的角度来讲,您自己的教育理念是怎样的?

校校爸: 我的观点是,让孩子每天都快乐地生活,去感受这个世界。可是在现在的教育环境里,这个想法不太现实。我只能先保证他的健康。字写得怎么样,我不太关注,但是你的坐姿一定要好。几年下来,对视力和脊椎不会产生不良影响。我觉得身体健康很关键。知识随时都可以去学,但如果身体坏了,你再想挽回就很难。

在不知道有 ADHD 和阅读障碍之前，我对他的要求是很严格的。但知道他有这些问题之后，我就告诉自己，这样对他是不公平的，我们的教育策略也有了一些调整。知道他有阅读障碍之后，我多年的疑惑解开了，我对他学习的要求也稍微放宽了一点，但是我还要进行管理。我们现在基本上是10点左右结束学习。他的注意力实在集中不了的话，我们就停止学习了，让他稍微休息休息脑子，做做眼保健操，让他有更好的心情投入第二天的生活。对孩子不能太强压了，一旦导致厌学，挽回起来就困难了。如果有了心理问题，会影响他一生。

我们知道这个问题后，反而如释重负。以前认为校校学习不认真，态度非常不端正，现在认识到他不是有意的，是有原因的。如果态度没有问题，是自身客观条件导致的，我们能够谅解，能对他放松一些。

做什么不重要，关键是对社会有贡献

李：你们父子之间最喜欢一起做什么样的事情？

校校爸：以前我会跟他一起做游戏。现在他大了，我主要跟他一起踢踢足球，打打篮球。有时候我们在家里一起锻炼身体，比如做俯卧撑、仰卧起坐、蹲蹲马步，教他一些他感兴趣的东西。我还很喜欢带他去旅游，比如去年我们穿越中国5000千米，玩得很开心。我们在玩的过程中让他能释放天性，我也减减压。

李：在男孩子的成长过程中，您觉得对于校校来说什么东西是最重要的？

校校爸：我愿意跟校校在一起成长，一旦错过了，你想回头再补就没有机会了。对于孩子来说，坚强是很关键的品质，遇到困难并不可怕，可怕的是遇到困难后退缩了。在我们的鼓励下，他坚持得不错。

李：您希望校校未来成为一个什么样的人？

校校爸：他在一年级开学典礼上说过一句话，说希望将来做一名对社会有贡献的人。他想做什么事情并不重要，关键是对社会有贡献。有时候我经常用这句话鼓励他。

李：有没有想过放弃对成绩的追求，进行宽松教育、快乐教育呢？

校校爸：在中国也许有这样的家庭，他们孩子的成绩也还可以。但我觉得那样的话，孩子可能会脱离社会。我也想过换一个环境，但是后来又想，即便到了其他地方，同样存在很多问题，新问题会随之而生，再加上我们的父母年岁已高，所以放弃了这样的想法。

李：因为有一部分孩子是上不了高中的，您担心他未来的学业吗？

校校爸：希望他去做自己感兴趣的事情，我不强迫他一定要上高中、上大学，那样大家都很痛苦，甚至可能会耽误孩子一辈子。假如时间都用在课外班上了，就会只有很少的时间跟爷爷奶奶、姥姥姥爷一起玩。父母虽然跟他待在一起的时间很长，但大家情绪都不好，校校可能会认为家里所有人都不爱他。我不希望这样。

"做最好的我，在我最好的方面"

——于昊老师

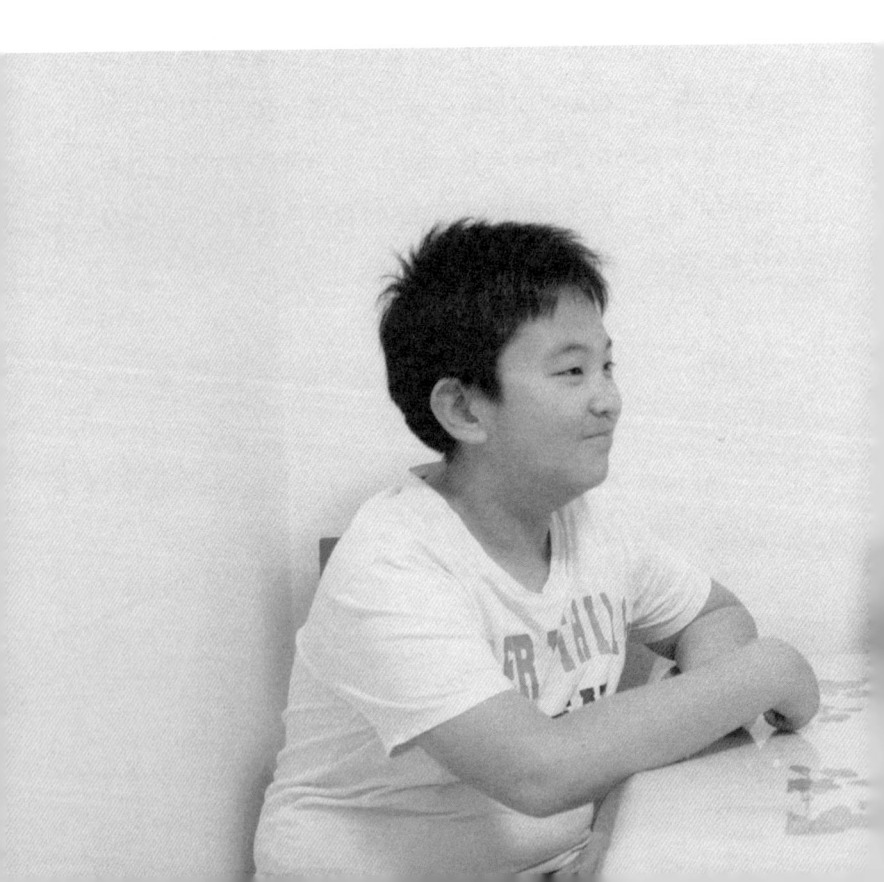

访谈对象：

于昊，北京市海淀区民族小学教师，曾经任校校小学三年级到六年级的班主任。

访谈时间：

2019年1月23日，校校小学五年级。

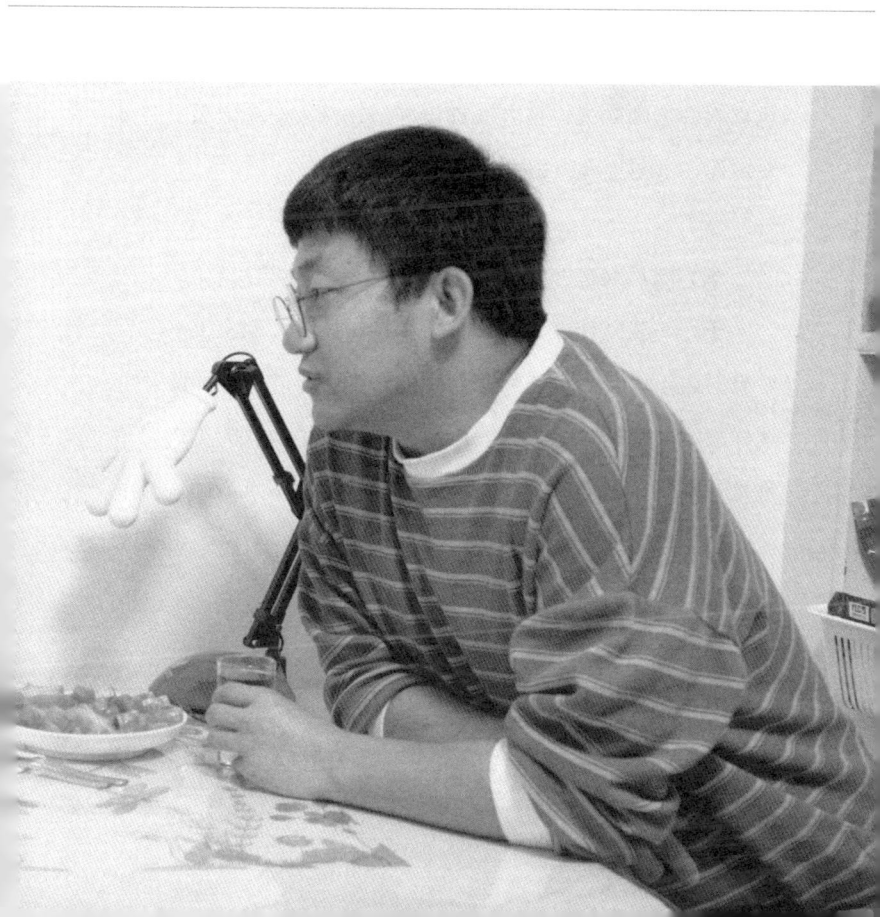

给他更多的发展空间

李：您是从什么时候开始当校校班主任的？第一次接触他的时候，对他有什么样的印象？

于昊（以下简称于）：我是在他四年级的时候接手这个班的，刚开始我没太感觉出来他有什么不一样，他比较活泼，也爱帮助别人，班里有什么事儿都特别热心，特别积极，他也喜欢跟老师聊天，各方面都挺好。在深入交流之后，我才发现他在学习上有点困难。

李：您后来是怎么发现他和其他孩子不同的？

于：一是从作业上看，他写字比较困难，他交上来的作业有时候不太合规范。后来我跟他妈妈聊，才知道他能写成这样已经非常努力了，他妈妈在家里面下了很大的工夫。二是从他在学校里面的表现发现，他纪律方面不是很好，跟其他同学交流的时候，有同学跟我反映，说校校有一些纪律上的问题。

李：您是怎么帮助他解决这些问题的呢？

于：我刚开始没有对他区别对待。后来也是他妈妈跟我聊，我才发现他真的不太一样，需要得到格外关注。校校自己有上进心，学习上也挺想考好的分数。他课堂发言时有自己的看法，我就多鼓励他发言。我们学校社团特别多，我就鼓励他多参与。他参加过铅球社团，也在校外学书法，国画还拿到了一个学校的二等奖，我们尽量给他更多的发展空间。

李：现在的教育背景下，他会有压力吗？

于：肯定有压力。根据规定，学校要减少考试，我们年级只有期末考试。但我们平时课堂要求很严格，课堂作业盯得比较紧，他的压力就比较大，上课的时候他经常走神，老师会点他的名字，他可能当时心里就会有点不舒服。他已经沉浸在自己的世界里面，你把他叫出来，他特别不开心，这时候他和老师的关系就会比较紧张。

李：面对他的这种表现，您一般怎么去处理？

于：我有时候鼓励，有时候批评。鼓励的效果会好一些。一鼓励他、表扬他，他就会很积极地听讲。课程那么多，老师不可能时时关注到他，老师一松懈，他肯定走神，但我只要一表扬他，就比较管用。

李： 您是什么时候知道校校有阅读障碍的？

于： 我刚接这个班一两个月的时候吧，他妈妈告诉我的。她也把医院的一些报告拿给我看，介绍了孩子的近况。医院也给我发了一些调查问卷。

李： 您之前知道阅读障碍吗？

于： 我之前听学校老师分享过案例，也看过纪录片，但没有深入学习过。

李： 知道后，您从哪些方面给予他帮助呢？

于： 他妈妈一跟我说这个事，我就跟学校德育主任汇报了情况，学校也给了我一些指导。德育主任和校长给我的指示是，给孩子一些成就感，让他有一些得到肯定的机会。我会多给孩子空间，多给他展示的舞台，例如，让他担任升旗仪式主持人，在课堂上让他做领读。

阅读障碍这一块的支持，我们也是鼓励他多朗读、多听、多练字。为了鼓励他练字，我们还给他安排了一个"小徒弟"，让他当师父，他练字的积极性就会比较高，他还挺负责任，指导另外一个同学练字，对他自己也有帮助。

李： 听说他过去纪律不好，他爸爸经常被叫到学校来，您觉得他为什么会存在纪律问题，他是靠调皮捣蛋刷存在感吗？

于：我觉得不完全是这样。一方面他确实需要得到肯定，需要老师关注他，他在学校里面能够获得成就感的地方不多，他带着同学们玩闹的时候，成为群体核心，这可能会让他获得一部分成就感。另外，他特别容易沉浸在自己世界中，不太理会别人怎么样，这是另一方面的原因，不光是刷存在感的问题。

我们也为他制订了一些策略，跟对其他同学不一样，会减少一些严厉的批评，给他一定的空间，给他一定的表扬。如果太剑拔弩张，他可能会特别紧张。

宽松的环境更有利于他成长

李：您能简单说一下，他这个学期期末的成绩吗？他妈妈说他这个学期放飞自我，在学校里不知道怎么样，在家里比较叛逆。

于：是的，校校这学期跟上学期有很大的变化。之前他妈妈管得比较严，到了五年级，他慢慢有些叛逆了，跟家里产生了一些矛盾。他一到放学的时候就特别不想回家，想在学校里面待一待，帮同学做值日，在校园里逛一逛。所以我跟他妈妈商量，让他妈妈在家里面对他就不要那么严格了。因为他回到家后，家庭的气氛特别紧张。他妈妈因为他学习方面的问题，回家监督得比较严格，这就导致他们家亲子关系不是特别好，他的情绪也特别容易激动，有几次几乎到了崩溃的边缘，爸爸、妈妈和孩子都受不了。这学期就调整了一下，没给孩子压得太紧，这也就导致他的学习成绩不是特别理想。但是，一个宽松的环境，是有利于他成长的。

李：我那天问校校，他说他特别喜欢上学，感觉到学校就放松了。您有没有跟他妈妈谈过这个问题？

于：谈过很多次，我们经常交流。我老劝他妈妈不要管得那么严格。孩子还小，心理方面有一个成长过程。他的学习能力跟其他同学比确实有点弱，但他挺努力的，晚上他妈妈有时候能陪他学习到十一二点，这对孩子来说，能坚持下来也挺难的。到五年级之后，孩子的情绪反应特别大，有时候在班里也是这样，能看得出来。所以我就劝他妈妈，不要把他的弦绷得太紧了，给孩子一个适应过程。试着放手，让他自学——这也是这学期初我们达成的一个共识。放手一学期，看他最后的成绩怎么样，让孩子自己成长，让他有一个心理调适的过程，但也不是说完全放手不管了。

李： 放手后他这学期成绩如何？

于： 校校主要是阅读困难，字一多他就看不明白。高年级阅读量大，英语、语文都这样。他的基础知识还可以，但阅读就特别困难。本身高年级的难度增大了，再加上对他的要求没那么高了，他没有把应该拿到的分都拿到，所以这学期他的成绩就是处在及格边缘。

李： 您会在乎他的成绩吗？

于： 成绩我不是特别在意。对孩子得全面看待。一时的成绩不是很重要，对孩子要多鼓励、督促；从长远看，成绩不能放在太重要的位置，还是要注意他平时的成长，点滴的积累。孩子虽然成绩不高，但是他每天都坚持读书打卡、背诵、练字，这些平时的坚持都做得不错。

我不觉得他笨，他的优点挺多

李： 你们学校的大门口写着"和而不同　快乐成长"，这是学校的校训吗？

于昊： 这是我们的教育理念，我们看到孩子的差异性，希望他们都能按照最适合自己的方式成长。我们的校训是"做最好的我,在我最好的方面"。拿校校来说,他特别热心,我们就专门成立"志愿者部",让他带领几个同学做志愿服务,他们都做得很好。如果给他很多的机会去发展自己,让他能够得到肯定,觉得他是被需要的,他就能够成长为一个积极向上、有自信的孩子。

有的时候班里其他孩子和家长不理解我,老说我不公平,觉得我偏袒校校。我说这不是偏袒,我是给他一些空间,每个孩子都不一样,因材施教嘛。作为老师,怎么帮助孩子成长才是关键。我觉得他近一年半以来,已经有很大进步了。

李: 我们的纪录片名字叫《我不是笨小孩》,所以我还想问您一个问题,您觉得他笨吗?

于: 我觉得他不笨,我真不觉得他笨,他可能是在识字上面有一些困难,在阅读上有困难,但是作为完整的人来看,孩子还有很多优点。他跟同学交流没有障碍,他还有一些自己的特长,在班里面是闪闪发光的。

李: 您觉得校校有哪些优点呢?

于: 校校优点挺多,而且还比较突出。他跟老师交往非常有礼貌,很热情,别人对他的帮助,都记在心里面,还能够表达出来。不光是我，我们年级其他老师对他有什么帮助，他都记得，过几天他就给老师送一些小礼物。我们年级很多老师经常到我这里表扬他，说这孩子真懂事。他一个很大的优点，就是能够看到别人的付出，懂得表达。他跟同学之间交往也很好，他的朋友也挺多的。此外，他动手能力特别强，有时候学校的玩具、摇椅坏了，他也会自己捣鼓、修理，经常因为这些事耽误吃午饭。热心、有责任心、动手能力强、懂得感恩、善于交流，这些都是他的优点。

群晓

《我不是笨小孩》第二集主人公，
开封贞元学校学生。

群晓是一个对自己要求极其严格的孩子，"他不能放过自己"，一个字如果记不住，他会一遍遍记。他总是纳闷为什么别人记得那么快，而他这么慢。对于群晓来说，在某种程度上，成长就是一次次挑战自己，他无论做什么事情，都不轻易地妥协和将就，这是他与众不同的地方。

群晓是不幸运的，他被阅读障碍困扰，他在写字读书上比常人要慢，他要付出比别人更多的时间；群晓也是幸运的，阅读障碍成为他的动力，因为他一直想超越自己。终有一天，"会当凌绝顶，一览众山小"。

我的孩子，不一样

Qun Xiao

群晓

"家长能做的主要是创造环境"

——群晓妈妈

访谈对象:
冯丽,群晓妈妈。

访谈时间:
2018年9月17日,群晓小学五年级。

舒老师团队给了我们信心

李瑞华(以下简称李):小学一年级之前,您有没有发现他读写方面的问题?

群晓妈:完全不知道。上幼儿园时,我们也会问老师,孩子怎么样?所有的老师都会告诉你,孩子非常聪明。这可能跟幼儿园不教识字有关系,这就掩盖了他的问题,也不能怪幼儿园老师。

李:您是怎么发现孩子有阅读障碍的呢?

群晓妈:孩子上一年级的时候,班主任老师很委婉地跟我们说:"你家小孩可能像一些外国名人一样,在阅读和写字方面会有一些障碍。"老师提醒我们了,再一查资料,我就发现孩子确实有读写问题。一个字,你告诉他100遍,他也记不住。他写的字,偏旁部首会分家,比如说"找东西"的"找",左右两部分就写得分开老远老远,看不出来是一个字。

我们当时特别着急,上网找机构,找人咨询,还上了一些商业机构的当,孩子在里面干些什么我们也不知道,反正没有任何进步,浪费了时间,浪费了情感,还花了很多钱。我在网上查找资料时查到一篇论文,参考资料都来自舒华老师。我后来查阅资料才知道，舒老师是国内研究阅读障碍儿童的权威，我立马给她写了一封电子邮件。

舒老师真是太好了！她立刻就给我回了信。周末我就带孩子过去了，当时舒老师不在北京，是她团队里的邢老师接待了我们。她们用周末和暑期时间，帮我们孩子做测评，指导我们渡过一个个难关。对于阅读障碍儿童来说，初期识字以及后面写字这一关是最难过的，这个阶段是舒老师团队陪伴我们度过的。

原先在上商业机构课程的时候，他们不让家长进去，我们就在外面聊天。家长们聊得最多的是："怎么办呢？我们要是不在了，孩子怎么办，孩子将来做什么？"家长们很犯愁这些事。舒老师的团队说这一关孩子是可以过去的，等孩子长大以后，跟其他孩子是一样的，一样能够有自己的事业，有自己的成就。她们就这么安慰我们，给了我们信心，对于阅读障碍家庭来说，最需要的就是这种信心。

在北京那几年，我利用各种办法去咨询，了解阅读障碍小孩的未来，得到的答案都还好，只要能度过求学时期，将来都不会差，这一点给了我们一些信心。如果家长能帮助他度过这个最艰难的求学时期，孩子将来其实也能够适应社会，也能够活下去。

我要找一个对他友善的环境

李： 后来是什么事情促使你们决定离开北京的呢？

群晓妈： 当时舒老师团队组织了一个暑期聚会，阅读障碍儿童的妈妈们聚在一起，交流自己的困扰和苦恼。我记得特别清楚，有一个北京西城区的妈妈，叙述的时候非常平静，我却听得惊心动魄。她说她孩子上小学期间饱受欺凌，因为学习不好，老师、同学都看不起他，欺负他，日子非常难过，孩子就盼着赶紧毕业，期待初中能有所改变，这个小小的愿望支撑着他捱到了初中。可是上了初中却发现，学习更紧张了，内容更难了，同学们仍然以成绩这一标准来评判他，他就绝望了，万念俱灰，甚至开始出现幻视。我们当时听着眼泪就流下来了。

这件事情给我触动特别大，我意识到，读与写的障碍只是一方面的困难，对他最大的刺激可能来源于同伴，来源于学校。如果他不能够很好地融入学校群体当中，对他将产生巨大的伤害。我的孩子比较敏感，不够外向，跟人交往还真有一点问题。我们没转学之前是二年级，班里就已经有小孩子当着父母的面欺负他，因为他嘴笨，反应不过来，他们在言语上能压倒他，孩子真是饱受欺凌。当时我就想，我要找一个对他友善的环境，这个环境不仅是老师和孩子们对他友善，而且这个环境不会以成绩这唯一一个标准来评判他，让他没法待下去。

我就开始找学校。找了一些公立学校，还有一些国际学校。国际学校有专门的老师为阅读障碍儿童提供特别帮助，我打电话去咨询，对方跟我说，他们只有一位老师，已经帮助了一个孩子，不能再帮助其他的孩子了，我们就选择了山西的一所国际学校。

我们怕他受以前的干扰，连名字都给他改了，就想给他一个全新的生活，完全跟过去说再见。他现在没有任何不适，在这边还挺快乐的。两年过去了，孩子非常健康，对于我们来说最重要的是心理健康，他没有出现我们担心的那些心理问题。他有自己的朋友，读与写的问题在慢慢改善，他现在差不多跟其他小朋友一样了。我们的选择是对的，找到了一个合适的、对他友善的环境，避开了那种可怕的遭遇。

李：什么力量支撑您做出这个决定，没有后顾之忧吗？

群晓妈：他爸爸很支持，我当时辞职，一分钱也不挣了，家里就靠他了。我父母特别反对，他们担心我辞职后不好再找工作，我说不管那么多了，我下定决心之后就走了。群晓在的是一所寄宿学校，在郊区，没有车出不了门，孩子不肯住宿，我就天天接送。先买车，后租房，费用很大。幸亏后来学校接受我在那儿做老师，我有事情做，否则我天天在家里，做全职妈妈也挺难受的。

李： 您内心比较强大。

群晓妈： 我内心不够强大，反正也这么过来了，虽然遇到很多困难，但是有朋友愿意帮我。当时从北京一起去那边读书的有三四个家庭，只是我们孩子的情况各不相同。

他是需要保护的珍贵孩子

李： 转学之前那段经历，您刚才说得轻描淡写，其实挺难吧？

群晓妈： 太难了！学校开始考试的时候，孩子烦躁得厉害，他就回来质问："为什么我考不好？为什么别的孩子能写完卷子，我写不完？"因为他慢嘛，他写不出来，就烦躁得厉害，发火，闹。有的字他死活也记不住，他就把墙给弄出一个一个洞，你看着就很揪心。而且我没办法跟他沟通这件事，你怎么跟他解释呢？他就是考不好啊！"你有特别的问题，你不能跟其他人比"，你没法跟他说这个话啊！从二年级开始，我们就天天做卷子了，再这样下去的话，我们应付不了这些问题。换了比较轻松的学习环境之后，不再天天做卷子，也不攀比，他就好多了，也没再抠过墙。

李： 现在的学校有什么不同？给他带来的最大变化是什么？

群晓妈： 我觉得是宽容的环境。校长也跟我探讨过这个问题，他说："你现在看他还是个问题孩子吗？看不出来了啊！"孩子自己慢慢接纳了，弥合了那点差距。学校给了他这样一个环境，让他慢慢去赶上其他人，让他去解决自己的问题，这个环境难能可贵。

学校的课程特别好玩，都是启发式的，孩子们觉得特别有趣。前几天有一首小诗，我真不敢相信是他写的。老师会在课上营造一些气氛，让他们先欣赏一些诗歌，然后跟着音乐，唱一首相关的歌，接着让他们画一幅画，讨论白露的景色，再让孩子们写一首诗，他就把诗写出来了。我都不相信是他写的，他说："是我写的，但是我也忘了当时怎么就写出来了。"学校就是这样，各个学科之间都是打通的。他也爱学，又没有所谓的排名，虽然也会有考试，但是不会像其他学校那么频繁。

老师也会给他时间，他确实比别人慢，老师也不拿他跟别人比，他跟自己比就好了。现在他的阅读速度跟其他孩子是一样的，很厚一本书一天就看完了。我不是说他真的优秀，他有弱点，但并不是什么大问题。孩子智商没问题，当时舒老师团队给他做了一个智商图谱，告诉我们，这个孩子如果发挥正常的话，可以在班级群体里面处于中等水平，甚至中上等，现在真是这样子，与舒老师团队当时的评估是一致的。

他有他特别有优势的地方，比如数学，他的反应特别快，而且他是发散型思维，能够想到别人想不到的内容。班主任武俊梅老师跟我说，这个孩子的思维是发散的，他想得很透彻，这一点跟别的孩子有很大的不同。她说："我们得保护他，这个孩子太珍贵了。"听到这句话，我好激动啊！

有信心就有未来

李：很多阅读障碍儿童家长不愿意公开自己孩子的情况，甚至不承认、不接受事实。你们为什么不回避和隐藏这个问题呢？

群晓妈：承认并正视问题，才能想办法去帮助孩子，这也是舒老师团队当时传递给我的理念。你不承认这个问题，难道它就不存在了吗？我不怕有问题，只要我知道我该怎样做就行了。这些信念支撑群晓走到现在，支撑着我们做各种决定，也让孩子变得更好。

李：有的家长可能怕别人给孩子贴上标签，您怕不怕？

群晓妈：我从来没怕过，也从来不讳言这件事情。我到这所学校第一件事，就是跟校长沟通，我跟老师也都说了，请老师多对他宽容一些。我也会跟朋友说，正是因为跟他们交流，我才得到很多相关信息，得到了很多帮助。但我们不会跟孩子们说，不跟他的同学讲，这是为了保护孩子，对大人从来没有掩盖过，没有特别的顾虑，没有所谓的面子问题。

我真的得到了很多支持。我跟单位提出辞职的时候，他们知道我是陪孩子去外地上学，甚至提出给我半年带薪休假，给我时间去认真考虑。半年之后，我确定孩子真的很开心，在这个学校里得到了成长，得到了很多正面的反馈，我就跟单位说，我决定辞职了。这时候他们给我的是祝福，说若干年后回北京，还欢迎我回去。真的很暖心，我们遇到的都是好人。

李：父母强大的支持太重要了。

群晓妈：在他二年级的时候，我就意识到我不能辅导他，一辅导我脾气就上来了，我觉得不行，这事不是家长干的，还是交给专业的学校吧。家长能做什么呢？只能给他创造环境，带他去更好的地方，环境中如果有不利因素，帮一把。家长能做的也不多，我们不能取代老师，也不能取代同学。

李：你们现在从之前的困境走出来了吗？

群晓妈：当然走出来了。刚开始知道这个事儿，老师确定他是阅读障碍的时候，那真的是昏天黑地，我们觉得没有任何希望了，不知道这个孩子将来怎么办，我们老了他怎么办？心中就是这样一个问号，处于绝望的状态。后来得到舒老师团队的帮助，经过转学，孩子有所成长，有所进步，但是你依然不知道他将来会怎么样。他能适应社会、适应环境吗？这仍然是一个大大的问号。经过两年的成长，有一天他的班主任跟我说："我不觉得他有问题呀！"我听到这句话之后，觉得太阳出来了。希望就在那里，我不觉得他有问题呀！

可能他读得会慢一些，不流利。只不过他不那么优秀罢了，他是一个平常的孩子，这就给了我们极大的希望，他可以跟同龄孩子差不多，我们就放心了。他跟正常孩子一样，这就是我们最开心的理由。他二年级时候那个状态真是太难了。好在已经过去了。将来再难的事情我们也不害怕。

李： 你对孩子的未来有什么考虑吗？

群晓妈： 其实我也想不了那么远，我甚至都不知道明后年怎么办。但是现在趋势是很好的，孩子是有信心的。你们拍纪录片，我需要征得他的同意，我是这么跟他说的："你看，你有阅读障碍问题，但你现在是优秀生了，你愿意把自己的成长经历，告诉其他有同样问题的小孩吗？"他想了想，说可以，他是很有信心的。有信心就有未来。

我们对他目前的状态都很满意。他比其他的孩子更加珍惜学习机会，因为机会来之不易，他能够意识到这一点。他特别珍惜，特别用功，特别认真，他也比较有自制力。我们约定的计划，他真的会完成。学校给我一个工作机会，让我在这里做老师，我不用全身心地去关注他，不用天天看着他。我可以有自己的事情，他有他的事情，这种状态是健康的。

"孩子有自己的生命节奏"

——群晓爸爸

访谈对象：
王刚，群晓爸爸。

访谈时间：
2019年3月9日，群晓小学五年级。

不愿回忆的时光

李:当你知道困扰孩子的问题是阅读障碍的时候,是一种怎样的心态?

群晓爸:我释然了很多,当我不知道原因的时候才是最痛苦的。孩子本身学习很痛苦,这会转移到我们身上,我们教孩子的时候也很痛苦。最痛苦的是不理解群晓为什么会这样,不知道问题在哪儿,应该怎样做。

在查阅大量资料并与专业人士交流之后,我知道了原因是什么,大致的解决方法是什么——我当然也知道,解决起来非常困难,但没关系,只要知道了,我就能保证方向大致不会错。完全没有方向的时候,是很痛苦、纠结的,也很迷茫。

现在回想起来,从发现有问题到我知道"阅读障碍",似乎经历了很长时间,但实际是很短的几个月。当时我们一定是很煎熬,过程很痛苦,才会显得那么长。

李:在他一年级不知道原因之前,群晓的状态如何?他屡次跟我说,不愿意回忆那段时光,他是很痛苦吗?

群晓爸:非常痛苦!他认字比别人要花更多时间,意味着要减少睡眠和游戏的时间。认字对他造成很大的打击,也是与同学沟通的一个障碍,他很容易被其他孩子嘲笑,其他孩子不是恶意的,但是会给他的心理造成影响。他交卷的时候,班里的同学都说,群晓你不用写名字,我们知道这是你的字。他的字就是与众不同。那时候写字就像画画一样,写得很慢,他要在墙上使劲挖洞,往自己手上写字,他才能记得住。他自己很在意,也很痛苦,他希望跟得上学习进度,无论是自我要求,还是希望不被嘲笑,他在探寻自己的方法,有些方式近乎自残,但却没有太明显的效果。

李: 您在群晓一、二年级写作业的时候,有没有挫败感,有没有着急的时候?

群晓爸: 没有了解这个问题之前,我有很强的挫败感,在了解之后,基本没有了。我知道那是他的生理基础带来的,如果我处于那种情况下,我也许未必有他那么强的毅力和忍耐力。

李: 群晓经常说,觉得自己好失败,为什么人家10遍就能记住,我背了40遍,还是记不住。

群晓爸: 他的这种挫败感非常非常强烈,这种挫败感带来的负面影响才是我最关注的。学业上,他按照他的生命节奏去发展,不应该把大部分精力放在这件事上。我更希望他在各个发展方向上投入均衡的精力,稍微向阅读倾斜一下就可以了,而不是把它作为生命的全部。阅读能取得怎样的成就,能弥补多大的短板,我希望顺其自然。我最怕的是这个短板给他带来的挫败感,影响他的心理健康。

我希望他是一个阳光、快乐、思维敏锐的孩子,能够自由地运动,自由地思考,当然也希望他能够自由地阅读,这是多好的一种生命状态。即使在阅读上遇到了问题,还是希望他能够身体自由,身体健康,思想自由,思维活跃。不能因为这个问题,造成其他方面的快乐丧失了。

选择需要守住底线

李:您是怎么向专业人士求助的?效果怎样?

群晓爸:第一阶段是搜集文献,寻求认识和指导;第二阶段是找专业机构做诊断;第三阶段是去北京师范大学(简称北师大),请舒老师团队做进一步诊断,她们给了些专业指导,让家长拥有正确的认知,这个很有意义,价值更大;第四阶段是跟学校共同探讨,针对孩子的情况,该如何施教。后两个阶段其实是重合的。我们与学校做了一些沟通,学校专门组织了一次针对他的研讨，在教育方向上给予指引，老师们达成共识：孩子有自己的生命节奏，教育要遵循其节奏，施以相应的影响。

李：我知道您是他的第一偶像。

群晓爸：这个谈不上。他能感觉到我理解他，包容他，不会苛求他。

李：您具体怎么保护他的呢？

群晓爸：我对他的心理状况最为关心。他有一些人际交往上的困难，肯定不是阅读障碍造成的，也许是有生理基础，或者是其他原因，或者是很小时候遇到的事情的影响，现在仍然在发生作用。

李：为什么选择去山西读书？你们家里有没有不同意见？

群晓爸：我和他妈妈没有分歧。在这件事情上的决策，不是脑袋一热做的决定。异地上学成本太高，之所以还是这样选择，是因为能够守住底线，不让他的心理健康受到太大的伤害。这所学校的教育团队我很熟悉，我对老师的行为底线很清楚。只要能够守住孩子发展的底线不受侵害，其他都是额外的奖赏。

李： 你们为孩子做出了很多牺牲。

群晓爸： 孩子妈妈的牺牲更大一些，她的事业路线改变了。孩子一个人在异地上学，风险还是太高，妈妈过去陪伴，从一开始就是整个方案中的一部分。她辞职过去，刚开始没做任何事情，后来因为她有专业技术，能够在学校里面做英语老师，算是各得其所。但家人之间相互陪伴少了，尤其我跟孩子的接触时间不够。无论对我还是孩子，这都是很大的一个损失。还有就是经济成本和时间成本，他去山西上学的第一年，我每个月选择一个周末过去，时间仓促，来回奔波，路上时间很长，我的身体也有一些吃不消。我们为之付出的经济成本，远高于教育本身的投入。

李： 你们聚少离多，有一次跟他妈妈聊天的时候，她眼含泪花，感叹什么时候一家人才能在一起。您说考察过一些学校，最终为什么选择这所呢？

群晓爸： 我们当时考虑过几种类型的学校。国际学校首先被我去掉，因为他们基本在郊区，需要住宿，他因为阅读障碍，中文很难，英文也很难，同时面临两种语言的突破太难了，不现实。纯中文教学的私立学校，因为要求住宿也被我划掉了，我最担心他的心理健康，家庭不一定能给他多少学业上的辅导，但他回到家庭至少能有一个发泄、释放的出口，我不希望他一个礼拜才能释放一次。然后就是新式教育的公立学校，其实我已经动心了，跟目前这所学校比较相似。学校的选择其实挺难的，首先理念要一致，还要考虑能否把这个理念执行下去。

我们之所以最终选择这所学校，不仅是理念上认可它们，而且对这所学校的教育团队抱有信心，老帅能够真正地关注每一个孩子，班主任和教学团队相对稳定，有孩子认识的老师和同学，有相对熟悉的环境就要好一点。

李：群晓到山西的这两年多，您觉得他有哪些成长？

群晓爸：阅读方面已经完全突破了。现在他不但能阅读，甚至很爱阅读。在他上小学之前，我对他的期望是思想自由、身体自由、阅读自由。后来发现他有阅读障碍的时候，阅读自由仿佛遥不可及。经过这几年，他已经具备了自由阅读的能力。

李：山西的学校关闭后，你们面临重新选择，是回北京上学，还是跟随教学团队去开封，为什么最后选择去开封？

群晓爸： 我们选择去开封，很重要的一点原因是，在过去几年里，这个教育团队无论外部环境怎样动荡，都能守住底线，不耽误孩子成长。群晓虽然有了进步，其实他内心还是脆弱的，虽然表面上突破了阅读问题，但应试方面依然存在巨大短板。对他来说，精确地写字和外语都是挑战，他并没有变得适应应试教育环境。转入新环境，训练是不可缺少的步骤，群晓没有经历过这样的训练阶段，直接返回公立学校，效果可能不会很好。

李： 群晓自己愿意去开封吗？这是你们共同商量的结果吗？

群晓爸： 在做决定之前，我们通过视频方式进行了线上沟通。我跟他交流的时候，没有任何倾向性，也没有引导，他自己做了非常客观理性的分析，逻辑清楚地告诉我，去开封有几个好处，在北京有几个好处，各自的挑战是什么，然后自己选择去开封。我说："我尊重你的选择，如果两天之内，你有不同的看法，还可以随时提出来。"

理念可以参考，路得自己选

李：您觉得群晓这条道路适合其他阅读障碍的孩子吗？

群晓爸：我觉得理念上可以参考，具体行动还是要按照实际情况，选择适合自己的路径，选择跟自己孩子、家庭匹配的教育方式。如果一种选择给家庭造成过大困扰的话，对孩子也会有负面影响。别人的路不一定适合你，但背后的理念可以借鉴。

李：您作为过来人，在阅读障碍儿童的教育上，对其他家长有什么建议吗？

群晓爸：对我来说，发现问题是最重要的，比后边解决问题还重要。尽早发现问题其实挺难的，家长要足够敏感，并掌握相关知识，才能做到这一点。让所有家庭都深度了解阅读障碍，这不现实，而是应该在学校普及这个概念，基础教育从业者都关注这个问题，这对他们来说没有多大专业挑战。实际上现在很多学校老师都不清楚阅读障碍。

李： 您害怕阅读障碍吗？

群晓爸： 不懂的时候，我觉得这种现象挺可怕的，但是懂了之后，我为什么要害怕它？我只有去接纳。发现之后，还能对它进行干预，它并非完全不可逆的，可以通过干预去改善。还有一些天生不可逆的缺陷你怎么办？只要知道了，正确去面对就可以了。孩子完全是无辜的，生理基础是父母给的，所处的环境也是父母给的，社会、学校环境也离不开父母的决策。所以接纳孩子是没有任何疑问的，不需要做任何探讨。

李： 群晓自我要求很高，你们有没有对他进行引导，让他降低自我要求？

群晓爸： 我一直都没有对他提更高的要求，更多时候是希望他能够放松自己。当然，放松不是放纵，他如果长时间看质量不高的读物，我是要干预的。他如果提出超过自身能力的要求，尤其是在我看来没有太大意义的事情，我会要求他降低要求，但不会过强干预，至少不给他压力。他愿意去挑战的话，我也不会不允许，只要挑战不至于让他崩溃就好，因为我们也不知道人的潜能到底有多大。从我自身的成长经历来看，某个阶段对某件事情有高强度的投入，会让这方面的能力实现突破。如果源自内心的热爱，外部也给他一点点压力，尝试一下也未尝不好，但一定要有度，不能超过他所能承受的极限。

> **并不是你一个人跟大家不同**

——张春燕老师

访谈对象：

张春燕,
现任开封贞元学校教师,
曾经任群晓小学一年级的班主任(后没再担任过群晓的老师)。
是最先意识到群晓可能有阅读障碍的人。

访谈时间：

2019 年 1 月 20 日,群晓小学五年级。

凯文不会飞

李：您是怎么发现群晓有阅读障碍问题的？

张：当时我发现，反复教他识字，他还是学不会。非常简单的汉字，"大、人、天"这样的汉字，他都会写错，而且很快会忘掉，哪怕是抄字帖，他也会在不该出头的地方出头，该出头的地方不出头。我当时心里咯噔了一下，心想这孩子会不会是这个问题呢？我有意去观察，发现他这个现象特别明显，完全记不住汉字，但是我感觉他智力没有问题，所以就怀疑他有可能是阅读障碍。

我自己查了一些资料，了解到要是早期干预，孩子的问题有可能得到改善，如果干预晚了，就只能通过发展别的方面来忽略它的影响。直接跟家长说这个情况，又不太好意思，纠结了一段时间，我还是试探性地跟他们说了。他爸爸妈妈是非常知性的人，他们当时也很意外，很吃惊，后来他们带孩子找到了舒教授，我也如释重负。

假如孩子真有这个问题，就必须遵从孩子自己的发展节奏。之前我像要求别人一样要求群晓，他没有学会，我就多教他几遍，重新听写，却发现总也没有用。再教几遍，再重新听写，孩子心里就会有压力了。知道情况之后，我就采取了其他办法。记得有一次考试的时候，要考听写。考试之前，我让他爸爸妈妈在生字表上，把他会的字圈出来，包括"一、二、三"都圈出来了，我就把这100个字当作考试的听写题。他得了100分，他心里面很有成就感，虽然他嘴上说："不可能吧，张老师，我真考了这么多吗？"我说："当然了，你就是考了这么多！"那一刻，他的眼睛里闪着光。

后来我就想办法帮助他恢复自信。他爱读书，我就为他把《好饿的毛毛虫》改编成绘本剧，让他演毛毛虫，在这个过程中建立自信——毛毛虫每天吃啊吃，变成了美丽的蝴蝶，我也每天吃啊吃，吃各种各样的书，于是，我也会变成美丽的自己。

他生日的时候，我送了他一本《凯文不会飞》。这本书讲了这样的故事，小鸟凯文和别人不一样，在别人都去捉虫子、学技能的时候，只有它跑到图书馆去读书，大家都嘲笑它不会捉虫子，凯文也觉得自己很笨。冬天要来了，大家要迁徙，兄弟姐妹们拿绳子拉着它一起飞翔。到了半空后，暴风雨要来了，兄弟姐妹都不知道，凯文看过天文书籍，它知道那是暴风雨的前兆，让大家躲到山洞里，拯救了大家。大家都说："哇，凯文好棒啊，凯文真是我们的好兄弟！"凯文就在这一刻飞了起来，它发现自己可以飞翔了。

我把这样的故事送给他，对他说："每个生命都是不同的，有人飞得早，有人飞得晚。相对于漫长的生命，某些方面早一点或晚一点根本不是最重要的事。鸟儿总能飞翔，但却不是所有的鸟儿都能飞得像凯文那样高。所以握住书,你才能拥有可以飞翔,飞得更高、更远的翅膀。你能飞,你会为飞翔做好准备。"

并不是他一个人跟大家不同

李: 你还记得群晓一年级的状态吗?

张: 很安静,喜欢一个人看书。说实话,当时我并没有更多关注他。一来,当时我们并不聚焦识字、写字这样的精确认知;二来,他又是乖孩子,没有行为问题,加上我是新老师,还不能关注到每一个孩子。所以,在我发现他的阅读障碍之前,记不起很多。

现在回想当时,我很难记得他的什么细节。但是有一件事情我记忆很深。有一次,群晓回家跟他妈妈说:"张老师怎么让我发写字本呢?为什么就让我发本子呢?"我可能就是改完作业之后,恰好群晓从旁边走过,我就让他帮个忙。他回家跟妈妈反复说了一晚上这事儿。当我听到之后,泪如雨下。天哪,一个孩子是多么容易满足!我听到这个故事之后,特别感慨。很多时候,一个无心的举动就会让孩子得到鼓励!那是不是也存在很多无心的伤害呢!

第二天，我专门郑重地说："群晓，你知道昨天我为什么让你发本子吗？"他看着我说不知道，我说："因为你特别棒呀，张老师就觉得你超级棒！今天还想让你发本子。"他说："真的？"我说："当然是真的了！"

后来我就关注他更多一些。他是很乖的孩子，偶尔也回答问题，但平时并不主动举手。他写的小诗特别有感觉，我经常会读到他的小诗。

李：估计每个学校都会有这样的孩子，他们真的很难被发现。作为老师，该如何关注这样的孩子？

张：我们班现在就有一个这样的孩子。我后来跟他爸爸也简单聊过，他抄字帖都会抄错，但是他讲故事、口头表达一点问题没有，他的画也特别棒，构图特别棒，就是细节上不行，他用色块就能创造出特别大的视觉冲击力。我觉得作为老师必须知道，对待孩子要有区别，这样的孩子在阅读方面是发展滞后的，你要找适合他的方式去鼓励他，让他在擅长的地方发展。

如果我意识不到孩子的这种差异，就不会对他有特别的关注。我觉得周围的环境特别重要，老师不要只是说他跟我们不同，而是要让每一个孩子看到，我们每一个人都是不同的。就这一点来说，大家又都是相同的。这样的话，他既知道我是不同的，同时也知道，并不是我一个人跟大家不同。

家有笨小孩

若汐

Ruo Xi

若汐

《我不是笨小孩》第三集主人公，2009年出生于河北廊坊。

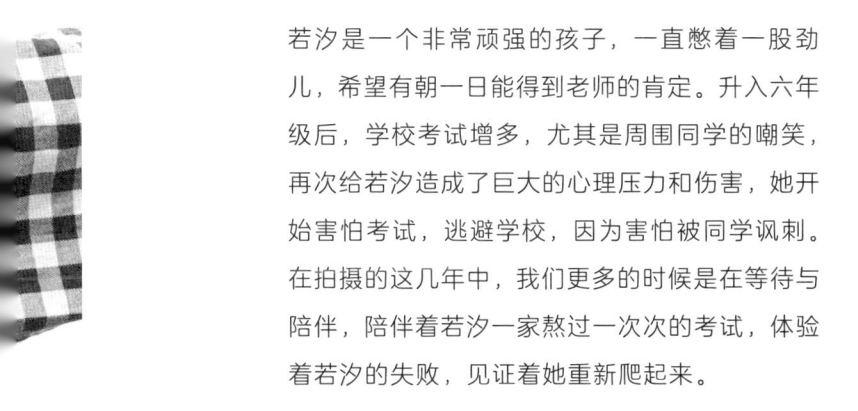

若汐是一个非常顽强的孩子，一直憋着一股劲儿，希望有朝一日能得到老师的肯定。升入六年级后，学校考试增多，尤其是周围同学的嘲笑，再次给若汐造成了巨大的心理压力和伤害，她开始害怕考试，逃避学校，因为害怕被同学讽刺。在拍摄的这几年中，我们更多的时候是在等待与陪伴，陪伴着若汐一家熬过一次次的考试，体验着若汐的失败，见证着她重新爬起来。

"我能做的就是保护她"

——若汐妈妈

访谈对象：

马宏英，若汐妈妈。

访谈时间：

以下访谈来源于两次采访，
第一次时间为 2018 年 12 月 31 日，若汐小学四年级；
第二次时间为 2020 年 12 月 5 日，若汐小学六年级。

最担心的是老师不理解

李： 当时您是怎么发现若汐有阅读方面问题的？

若汐妈： 她期末考试成绩特别差，我们每天晚上都给她讲题，为什么还是不会？是不是智商有问题？是不是天生笨呢？我怀疑她是不是有注意力的问题，是不是有 ADHD。寒假时带她到北医六院，做了测评，她有一点注意力的问题，但是不严重，大夫说她是阅读障碍。

她的症状很典型：b、d 不分，写字丢笔画，偏旁部首颠倒。说一件事绘声绘色，但是写不了。她连背乘法口诀都很难，别的孩子可能三五分钟就能背下来，她一晚上都背不下来。就是从那时开始，我知道了她有阅读障碍。

李： 知道后，你有没有释然的感觉？

若汐妈： 我好像豁然开朗了一点。反正她智商没有问题，我知道有些名人也有阅读障碍问题，可能她某些方面有专长，有待去发现。

我最担心的是老师不理解，会打击孩子。如果她在挫折中长大，可能对她的成长不好。我们已经转过一次学了，现在这所学校，一开始老师是鼓励她的，后来可能看她成绩实在不行，好像又开始放弃我们了，我不忍心让孩子继续受打击。

她从小获得的奖状特别少，她就没有学习方面的奖励，连进步奖都没有一个。全班二三十个人获奖，类似阳光少年、标兵这些，她都没有。其实，我们除了成绩不好，其他方面挺积极的，她每天坚持做作业。课外班给发了一个纪念奖牌，她挺高兴的，拿回来爱不释手。

现在学校里还是强调成绩，我们对此也挺困惑的。我们不是没有付出，不是家长不管，也不是孩子不努力，确实是只要一考试，我们看到成绩就会很难受。小时候好歹能够找到一些理由，帮她化解情绪。大了之后她自己会问，我怎么考这么点分？她自己会沮丧，有时候也掉眼泪。

学校乐队选二胡学员，老师问她考试成绩如何。孩子很诚实，她跟老师说语文 38 分，英语 68 分。老师就说不行，没录取她，她哭着就回来了。我去找老师询问："文化课的分跟学二胡有关系吗？"老师觉得分太少了，说明孩子接受能力差。就这样，孩子没有被录取。

我每天跟孩子说，你自己有进步就行，每天有一点进步，你就慢慢变强大了，不一定非得看别人怎么评价你。

李：拿分数评价孩子太不公平了。

若汐妈： 其实老师也没办法用其他标准考量学生。过去我们和老师沟通得多一点，现在老师也精力有限，教学压力也比较大，每个班几十个孩子，可能他们顾及不到每个孩子。我跟老师说若汐有阅读障碍，他可能觉得你在找理由，认为是你编造的。

没有那么多执念了

李： 若汐学习中遇到的主要困难是什么？

若汐妈： 不理解。不管是语文还是数学，她都不理解。她确实是无法通过阅读获取更多的信息。天天跟同龄人一起赛跑，让她感觉很吃力。我们也尽量跟着学校进度，到不了前面，可以跟紧一点，有进步就行了。

昨天她跟我说，老师偷偷告诉她："若汐，你进步了。"她特别开心，老师的一点点鼓励就挺让人欢欣鼓舞。我特别希望老师能多鼓励她，至少别打击她，成绩名次其实无所谓。我以前更焦虑，自从孩子被确诊阅读障碍，好像没有那么多执念了。

李： 您以前主要焦虑哪些方面呢？

若汐妈：我有两个闺女，老大像若汐这么大的时候，都开始看小说了，若汐现在还停留在看绘本的水平，两个人的知识量和关注的东西都不一样。姐姐三年级的时候，看电视新闻和社会专题节目，若汐现在看的是《汪汪队》《宝宝巴士》。姐姐的测验卷子，经常是100分，若汐在学前班考100分的时候都很少。

李：会不会因为她姐姐太优秀了，您对她要求也比较高？

若汐妈：没有，从小我就发现她跟她姐姐不一样，我只求她能跟上同龄孩子的发展，可是她跟不上，一开始我很困惑，后来知道原因后不那么较真了。若汐情商蛮高的，她会审时度势，也会哄人开心。我不想给她太大压力，就是每天晚上写作业挺熬人的，我跟她爸轮流上场，不一会儿就喊起来了。

李：去北医六院确诊之前，您觉得她是一个笨小孩吗？

若汐妈：有点儿。因为没有办法能教会她，特别费劲。老师说："哪有笨孩子，就多努力吧。"其实我们不是不努力。

后来我自己查了一下，看了些书，也在网上搜索，还听了李虹教授的讲座，时喜时忧的。最起码心里明白了，理解她了。我们一直都很努力,只是一发成绩,我就挺受打击的。

她偶尔也会有心理落差,有时候也会很急躁、激动。我怕她压抑着,可能在外面遇到事情,心里不痛快,她也不说,但有时会没有理由地跟爸爸发脾气,跟姐姐发脾气。

现在想,慢慢来吧,顺其自然,写不完作业就写不完。有一些孩子可能确实不属于课堂。

自己家的孩子自己疼[①]

李: 我上午跟若汐聊天,她说在学校的每一天都是在熬着。

若汐妈: 嗯,六年级课程难度变大了,学校把所有学生重新分班,她到了一个新的班级。3科老师全换了,3位老师每天在微信群里边发孩子的学习情况,包括小测验、家庭作业等。

说实话,孩子心里很痛苦。有学习困难的孩子,也不是个别现象,一个班有50个孩子,总有那么三五个学习困难,一个年级8个班,总共就是40个孩子学习困难,这个比例也不是很低了。成绩好的孩子,不在乎公布分数,但是对于

---

① 此篇访谈补充于2年后的2020年12月5日。

成绩差的孩子呢？

我觉得孩子心里愁、心里苦，他们不知道，他们体会不到。

学校老师可能也不容易，若汐现在在毕业班，又是在重点小学，每天都要做卷子，早自习、午自习的时间都利用起来，不断地做题、测试，若汐最近是吃不消了。我看她是真难受，她好几次胃不舒服，头晕恶心，不断地吐酸水。一个多月前，我还跟她斗争了一次。后来发现，如果请半天假，她的心情就能完全休整好了，下午也能高高兴兴地去上学，作业质量也都能提高。

有一天晚上她在家崩溃了，哭着把嘲笑过她的人全都控诉了一遍。她通过请假，把一些考试、竞赛错过去。这样成绩栏大不了就空着，而不会在上面写10分、20分。我理解这是逃避，闯不过去，就躲过一关是一关。

成年人也是这样啊！假如上班天天都被领导批评："你真笨啊，还能干点啥！"如果每天都这样的话，咱们也不愿意上班。成年人可以辞职，躲开这个环境，但是她没有办法，她只能以身体不舒服的缘由，请半天假休整一下。

李：目前，你们内心的焦虑和困境主要来自什么？

若汐妈： 来自学校的评价标准和学习方式。学校每天练，每天考。说实话，我们有点喘不过气来了，我能做的也只能是默许她请假。我不能眼睁睁看着她处在崩溃的边缘。

若汐的自愈能力是比较强的，难受之后，她很快就能休整过来。但是，她最近也很难，她自己都哭诉说太难了。我就安慰她："等中学咱们换个新的环境，看看会不会好一些。假如说，你现在要是读五年级，是不是能够学得更好？"有时候，我想让我们停下来，歇一歇，从比较适合的年级开始学习，稍微等一下孩子。

李： 在小学阶段这六年，你们心理经历了怎样的变化？

若汐妈： 一开始不懂她，然后很困惑。知道这个事儿之后，有一点小侥幸，觉得她智商和其他方面都没问题，觉得阅读障碍也不是什么大问题，最不济就是学习不好，我觉得她还会有自己的长处，只是现在还没有被发现，所以我要保护她。希望周围环境能够对她友好一点，不要摧毁她乐观向上的心态，尽量去保护她，帮助她。我有时也感到很无助，没有什么好办法。自己家的孩子自己疼，自己多关心，自己多爱她。

我就希望她将来能自食其力，开开心心、健健康康地生活。

李： 您觉得对她而言，什么是最重要的？

若汐妈： 孩子要健康快乐，有好的性格，自己勇敢独立。女孩子别太懦弱，能够独立解决问题，独立生活，我们心里的目标就算达到了。

"我希望孩子每一天都留下快乐的回忆"

——若汐爸爸

访谈对象:
白洪泽,若汐爸爸。

访谈时间:
2019年元月,若汐小学四年级。

无奈的转学,这事对我们触动很大

李: 在去北京查出阅读障碍之前,若汐在学习上有哪些困难?

若汐爸: 幼儿园的时候,她主要的问题是学习时坐不住。学数字、加法,你教几遍,一般孩子就会了,她虽然学得很快,但也很快就忘了。要跟她说学习无关的事情,她就记得特别清楚,现在还是这样。

李: 一、二年级的时候,都是这个问题吗?

若汐爸: 对。转学这个事给我们很大的触动,让我们受了很大打击。这时候才逐渐地去想,她是不是 ADHD,是不是有其他问题?以前没觉得孩子哪儿不好,她沟通没问题,跟人聊天没问题,也很得爷爷欢心。她从小活泼开朗,跟谁都玩得来,相处非常融洽。没人说她脾气不好,大家都喜欢她。唯独到了学习的时候,就发现了问题,怎么都教不会,非常地吃力。

李: 她当时在班级处于一个什么样的水平?

若汐爸: 说实话,我不是很关注孩子的学习成绩,只要她开开心心就够了,但是她每次都垫底的时候,我们就开始考虑去检查一下。北医六院的大夫给我们推荐了李虹老师,这样才接触到阅读障碍,才听说这个名词。我小时候学习也很糟糕,到了初中才追上去的。当时,上学是改变命运的唯一途径。我想孩子年龄大一点,应该也能够提高。

后来,四年级换了一个班主任,比较年轻一点,容易接受我们的想法和建议。现在她跟老师和周围孩子的关系就比较融洽。

坚持是最难的,但它让我们走出了黑暗

李: 知道阅读障碍之后,你们主要怎么做的呢?

若汐爸: 主要是坚持,每一天、每一刻都在坚持做一件事情,这是非常难的。我做得还不够多,妈妈付出的比我要多得多。在坚持过程中,也有内心承受不住的时候,每个人都有自尊心,别的孩子都做得来,为什么我们就做不来?的确受到了很大的打击,心里面挺不是滋味的。

李: 你们做得挺好的,每天早起,悉心陪伴她学习。我是看着她一点点进步的,我们刚开始拍摄的时候,应该是你

们家比较黑暗的一段时间。

若汐爸： 的确是，那个时候很糟糕，坚持让我们走出了黑暗。若汐原来考试总是三四十分，二三十分的时候也有，到了四年级之后，起码都是在六十分以上，也有考七十多分的时候，她的成绩逐步在提高。她的进步跟自己的努力有关，也跟现在的老师有关，老师鼓励多，她的积极性就很高。她很在意别人的评价，在意别人的声音。这两年，她妈妈的付出，得到了回报。

李： 你们全家都为此付出了很多努力。

若汐爸： 作为家长，总想为孩子多做一点。我能做的，就是给孩子做一些喜欢吃的、喜欢喝的。妈妈陪着晨读，陪她一起读书。对于我来讲，只要孩子开心，她是快快乐乐的，比什么都强，成绩差一点，也没什么关系。我坚持带孩子出去玩一玩，转一转，得让孩子快乐，能有一种快乐的心态，长大之后日子才不会太难。

李： 有一件事情让我挺感动的，若汐妈妈生病那段时间，您把工作辞了，在家照顾孩子。

若汐爸： 这座大山我得扛起来。家庭是夫妻双方的事情，缺了一方，就像塌了半边天，特别是对孩子来讲，要是塌了半边天，家庭就分崩离析了。那时候她妈妈生病了，我如果再差一点，整个家就散掉了，我必须扛起来。那段时间的确是很艰难，不仅思想上要接受现实，还要鼓励孩子安下心来去学习，不能影响到孩子。现在她妈妈身体基本稳定，病情控制住了，我们从那段困难时期走出来了。

李：若汐知道妈妈病情的严重性吗？

若汐爸：没有太明确地跟孩子讲过，但是她应该隐隐约约有感觉。妈妈生病的时候，我回来跟孩子讲，妈妈身体不舒服，我们要更多地照顾妈妈，跟姐姐和她都是这么说的。她们自觉承担了一些家务，都能自己照顾自己。

给孩子传递积极的生活态度

李：如果成绩不好，孩子在学校里会过得很郁闷、很难受，但是你们给她营造了融洽的成长环境，我看若汐其实是很开心的。

若汐爸：跟老师交流畅通之后，改观挺大的。有次开家长会，老师给我反馈，说若汐在教室里很老实，也不多说话。跟她在家里还是有一定反差的，她对学校还是有心理疙瘩没解开，我希望学校也能让她自然地绽放个性。

李： 之前在学校的那段痛苦经历，对她来说可能还有影响？

若汐爸： 可能还会有阴影。

李： 她只是外表看起来很开心，其实还有东西埋在心里面。

若汐爸： 我们都上过学，老师不经意的一句话，可能说的时候没在意，但有可能会影响孩子非常久，甚至影响孩子一生。老师的鼓励、认可，对孩子来说非常重要。

李： 我看了若汐的一篇作文，寥寥几个字，不多，她说感恩爸爸妈妈的爱和陪伴

若汐爸： 家长的每一句话，每一个潜意识，孩子都能够体会得到，她只是表达不出来。我总是在想，如何开开心心地过好每一天，让孩子每一天都有快乐的回忆。给孩子传递一种积极的人生态度，这是最重要的。我对生活的态度是平和的，积极向上的，我希望能把这种态度传递给她们，做到这一点，其实也就够了。

贰

我不是笨小孩

———

"上天会给我打开一扇窗"

——校校

访谈对象：
校校,《我不是笨小孩》第一集主人公。

访谈时间：
2019年8月31日,校校小学五年级。

字一闪一闪的，有时候亮，有时候暗

李：你喜欢阅读吗？
校校：不喜欢。

李：为什么？
校校：阅读太累了，我看书的时候会感觉特别累，字一闪一闪的，一会儿白，一会儿黑，晚上闪得更厉害。

李：你有没有特别喜欢读的书？
校校：没有。

李：阅读的时候有压力吗？
校校：那得看是什么时候了，如果我妈"拿鞭子"的话，有很大的压力。

李：我怎么不知道你妈妈拿过鞭子？
校校：没拿过鞭子，拿过棍子。

李：你读完之后，自己能理解吗？

校校： 有些比较简单的书能理解。我看完一句话之后，有些字的意思能抓住，有些抓不住。

李： 你写字经常会有一些错误，是记不住字，还是看不清呢？还是因为不认真？

校校： 得看我的状态，有时候是不认真，有时候是想不起来，之前记住了又忘了。我觉得字太多了，只能说出来，但写不出来。

李： 你在班里的成绩怎么样？

校校： 在我们班，大概是中下吧。

李： 这个成绩有没有带给你压力？

校校： 我成绩差的时候，就感觉："唉呀，又没考好，"就很伤心。

李： 班里同学有说你笨的吗？

校校： 没有，没有同学说我笨。只是有时候我干的事让他们很生气，他们就会说我笨。

李： 他们有没有歧视你成绩不好？

校校： 没有。

李： 你爸爸妈妈有没有因为考试成绩这个事情给你施压？

校校： 没有。他们就说尽量考好，态度好就行了。我妈说，不管我考多少分，只要我态度好，没有说谎，也没有作弊，就行了。

李： 那你自己在乎考试成绩吗？

校校： 还算在乎，毕竟出去玩的时候，很多家长都会问起成绩。

李： 你面对他们的时候，会有压力吗？

校校： 他们问起的时候，就会有压力。

李： 你考试考不好的时候，你爸爸妈妈会不会认为你不认真、不努力？

校校： 一、二年级的时候，有过这样的情况。后来他们发现我是因为阅读障碍，就没有这种情况了。

李： 如果你突然考得特别好，你爸爸妈妈是什么表现？

校校： 我妈会问我："你是不是作弊了？你肯定作弊了！"如果我不回答她的话，她就以为我就是作弊了。我爸就会说："那很棒！很不错！"他会奖励我一点零花钱或者给我买礼物。

李： 你觉得你自己为什么学不好呢？

校校： 如果一学完就忘了，谁能学得好？比如，我刚认识你，但是如果心里不常想着你的话，你有可能会被忘记了。就像我小时候去过太奶奶家，可我现在都忘了太奶奶长什么样了。

李： 你觉得自己学习认真努力吗？

校校： 我觉得还行，有时候努力，有时候不努力。

李： 你一、二年级的学习情况和现在有什么不一样吗？

校校： 忘了，我现在连四年级的事情都想不起来了。

李： 你觉得自己学习不好，是因为懒惰吗？

校校： 不是因为懒惰，是因为很烦。给你讲个笑话吧，我有一次很认真地背诗，背完以后，我妈很高兴，你猜我妈说了一句什么话？她说："再背两首吧，趁热打铁！"我特别后悔！

我长大肯定有一项特长，只不过现在不知道而已

李：你觉得你自己是笨小孩吗？
校校：我觉得不是，我除了学习，其他都很好。

李：你知道阅读障碍吗？
校校：我四年级的时候才知道。

李：你是怎么知道阅读障碍的？对你来说，阅读障碍是种什么样的体验？
校校：我妈妈第一次告诉我阅读障碍的时候，我还以为她在吹牛呢。然后我爸爸也跟我说阅读障碍，我以为我爸爸也在吹牛。到后来呢，我也就释然了。当时我写字比现在慢很多，"小白兔拔萝卜"这个简单的故事，不到500字，我也能写一天。

李：这些年，妈妈带你去北医六院和北师大，做了很多的测试，也上了一些干预课程，你觉得有帮助吗？

校校：我觉得没有帮助，那只是一个测试，毕竟又不是药。

李：当你知道自己有阅读障碍的时候，当时是什么感受？

校校：我觉得还行。我妈跟我说过："如果上帝在你的脑子里关上一扇门，那肯定就会给你开一扇窗。"我觉得我长大肯定有一项特长，只不过现在不知道而已。

李：你觉得你的特长是什么？

校校：做手工。

李：阅读障碍会让你感到特别痛苦吗？

校校：不会。这个事只要没有人刻意说的话，我就不会很痛苦，我也淡忘了。

李：你生活当中最痛苦的事情是什么？

校校：写作业。

李：为什么写作业让你这么痛苦呢？

校校：第一，我们学校的作业太多了；第二，抓得太紧，现在我都把高中学的古诗给背完了。

李：你为什么写作业时总是拖延呢？

校校：我一写作业就想干点别的。因为我写完作业以后，我妈肯定还会安排我写其他作业。所以说，我趁着写作业多玩会儿，然后再睡觉就不遗憾了。

李：你是在和你妈妈对抗，对不对？

校校：我觉得可以这么说。我老爱跟我妈唱反调，每次唱反调以后，看着我妈无奈的眼神，我就觉得很有成就感。

李：你理想中的学校生活是什么样子的？

校校：学习就是学习，学校就是学校。我没有什么学习方面的理想。

李：那你喜欢学校吗？将来想上大学吗？

校校：想，上大学就没人管我了。

李：爸爸妈妈逼你写作业的时候，你什么感受？

校校： 左耳进右耳出，啥都没听见。我妈妈不是总逼我的，我妈对我的爱就是让我玩游戏，对我的恨就是要我写作业。我爸呢，不听他的就得挨打，然后必须得按他说的做，他有他的小黑本，天天记账。

李： 那你妈妈吼你的时候，你是什么样的感觉？

校校： 我觉得很委屈，但那也是左耳进右耳出，睡一觉就忘了。我好事忘得快，坏事也忘得快。

李： 你评价一下你妈妈吧，你心目中的妈妈是个怎样的人？

校校： 她有时候特别精明，咄咄逼人，不讲理，很爱打岔，暴跳如雷，有时候又特别好，温柔可爱。

李： 你爱她吗？

校校： 爱，必须得爱。

李： 妈妈有没有让你特别感动的地方？

校校： 用我妈的话说就是，"我对你的付出你都看不见，你只是看见了你要的东西"。

李：爸爸对你的学习要求严格吗?

校校：他不严格,因为我爸不管学习,基本都是我妈管。

李：他是跟你站在一条战线,还是跟你妈妈站在一条战线? 还是你们全家都在一条战线上?

校校：我爸在一条战线上,我妈在一条战线上,我自己也在一条战线上。我就是他们中间的海洋,怎么着也打不着我,怎么着也弄不着我。有时候他们俩又一起联手来对我,服了。

李：你现在最烦恼的事情是什么?

校校：要开学了,我妈会把我手机没收。

我希望很多事情我自己做主

李：你有没有担心自己的未来?

校校：不担心,船到桥头自然直。

李：你长大之后想做什么呀?

校校：我想做厉害的木匠,能造出各种东西。因为我现在听到很多人说，传统木匠现在已经很少了，都是用机器制作了。但机器根本不会开发创造，只能听从命令，所以说我觉得还是传统木匠厉害。现在我会做弹珠机、水杯、书包和各种各样的家具。我们学校有一个专业就是木匠，学的是榫卯工艺，我改天得去好好地看看。榫卯你知道吧？不用钉子，只有削好的木条，拿锤子"当当"砸进去就装在一起了。

李：你想过要努力学习吗？

校校：想过，但有时候学习真的让我很生气。为什么要学习？感觉我在浪费时间，浪费青春，浪费资源。为什么要考试？考试要用那么多纸，还会用那么多墨，还得浪费电。8张试卷就相当于一棵小树了，我们班有40个人，而40份卷子就相当于40棵树，我们全年级就有1000多人，就相当于1000多棵树被我们给伐了。

李：你相信只要努力就会越来越好吗？

校校：有时候相信，有时候不相信，看什么事了。如果你说是做手工，那肯定是越做越好，越做越熟练，越做越精进。那如果说是像学习，得学好久以后，才会有一点点收获，等不起，等不起。

李：你想过什么样的人生，什么样的生活？

校校：我想过天天做木工的生活，然后我就去看会儿电视，吃比萨，然后休息，明天继续干。

李：你有没有什么想对妈妈说的话？

校校：我希望很多事情我自己能做主。我估计我妈现在肯定在门后听着呢。

李：还有吗？

校校：做主的意思是，我想干什么就干什么，想学习的时候就学习，不想学习的时候就不学习，无拘无束。

李：关于阅读障碍，你自己觉得什么是阅读障碍？

校校：就是阅读中的障碍，需要跨越障碍。

李：你能跨越障碍吗？

校校：我想跨越，但是我的障碍毕竟是天生的，而不是后天形成的，我觉得有一半的可能是不会恢复的。很多名人也都有阅读障碍，比如爱因斯坦、乔布斯、萧敬腾等。有一些作家也有阅读障碍，那就相当于，你做手工的时候没有手指。

李：其实有一些人还特别庆幸自己有阅读障碍，你觉得是为什么？

校校：因为他会更努力。上天给了他一个缺陷之后，会在另外一个地方给他打开一扇窗，让他可以走得更远。

访谈时间：
2020年12月05日，校校初中一年级。

还有好多事值得我开心

李： 你能讲一讲第一次去北医六院的事情吗？

校校： 我记不太清楚了，我只记得我进去以后，我妈妈领着我说："不要担心，就去做个测试。"做了几小时测试后，我妈请我吃了一顿好吃的，其他的我就记不得了。

李： 那个时候你第一次查出ADHD，当时你妈妈告诉你了吗？

校校： 告诉了。就是控制不了自己，自己坐不稳，多动。

李： 那你现在还多动吗？

校校： 我现在好多了，你只要不让我坐8个多小时，我几乎都能忍受下来。

李： 但是你今天坐了8个多小时。

校校： 对。今天学到了一些有用的急救知识，比如说怎么样做心肺复苏，怎么用除颤器。

李： 你说你从小就特别喜欢上学，为什么呢？

校校： 一到家我就知道一定会写作业到很晚，就很痛苦。去学校就能玩，和那些好朋友一起玩。

李： 那学校里还有学习的压力呢。

校校： 那怕什么呀，谁让我有个好老师呢。于老师是真的好，其他的老师也挺好的。

李： 我看了你的成绩单，只有数学和历史是及格的，其他都没及格，你有受到打击吗？

校校： 没有。因为我没怎么复习的历史和数学全及格了，而努力复习的英语、语文都不及格，这让我很惊讶。

李： 你妈妈会给你压力吗？

校校： 给了，但是我睡一觉就忘了。

李： 那你考得不好的时候，你班里的同学会不会说你？

校校： 不会啊，我们各有长处。他们有时也用得着我。

初中开学第一天,我就认识了全年级的人,开学第三天的时候,全年级的人我都能叫上名字了。

李: 你说他们还用得着你,你觉得是哪些方面?

校校: 电脑,还有就是跟各科老师打交道。比如,我去跟年级主任交报告,明明知道这报告完成得很差,但我跟老师先聊会儿天,就毫发无损地回来了。

李: 好多孩子都不敢跟老师说话,你是怎么做到的呢?

校校: 主要靠脸皮厚。只要我不深思这件事情,我基本上就不会难受。刚刚你让我深思了一番,就难受了,但是还有好多事值得我开心呢,比如一会儿要去打拳击了。

李: 你为什么能那么快乐啊?

校校: 我也不知道为什么,可能是我经历的风雨太多了,然后就习惯了。我是一个被从小骂到大的人,随便骂我几句,我心里都毫无波澜。我是11岁的时候才懂得一个道理,就是不要跟妈妈顶撞,那是没有好结果的,就百依百顺就行了。毕竟是你好,我也好,对不对呀?

李: 你之前可不是这么想的,你之前经常故意跟你妈妈作对。

校校：可能是吧，毕竟我爱唱反调。不过最近我记得我爸跟我说悄悄话："别总顶撞你妈妈，你想想哪次不是你吃亏？"我发现我只要听我妈的，我几乎什么事都能干好，我不听，我就啥事都干不好。这是我想了好长时间才想通的。

就像我今天去考试，我妈让我多检查几遍，我检查了，就考满分了。我觉得我妈妈特别厉害，在每件事上，只要做成功了，她就会迅速地总结经验，然后告诉我。她能够一下看到事物的核心，她读一篇文章可以迅速抓住核心，我得一点一点地看才能看懂。

阅读障碍没有给我造成任何困扰

李：你现在喜欢读书了吗？

校校：不喜欢。最近因为考试压力太大了，我就只看数学书、语文书了。我们初中的语文老师也很好。为什么这么说呢？他把我们的写作能力和阅读文言文能力培养上去了。我本来就特别喜欢文言文，到现在更是对文言文了如指掌了，我特别爱读《聊斋志异》《左传》，喜欢一边是现代汉语译文、一边是原文的那种书。

李：你读书不是挺慢的吗？为什么还喜欢文言文？

校校：不困难，文言文更简练。文言文能用最短的句子来告诉你最多的内容，我非常喜欢。我有个梦想，用文言文重写《三体》。

李：你自己还会觉得读书的时候有困难吗？

校校：不会。我阅读量提起来了，大概意思我都可以看懂。让我精读也可以，但是别让我出声朗读就行。我觉得我遗传了我妈妈非常好的一点，就是能快速提炼信息。

李：从小学到现在7年了，你自己总结下你的成绩吧。

校校：起起伏伏吧（用手比划），不过一直是上升趋势。

李：我看你在小学和初中的时候，跟班里同学很多关系都很不错，于老师也很认可你，你是怎么做到这一点的呢？

校校：我不说谎，如果犯了什么错，我勇于承担错误，就直接说"是我干的"。还有班级服务，我也全都包了。

李：咱们回顾一下，我看你小学的时候，尤其是四五年级的时候，你妈妈每天都管着你打卡。你觉得这种每天打卡，每天练习，对你有帮助吗？

校校： 肯定是有帮助，但是比较小，毕竟打卡只是为了练习而已，我都懂了，也知道怎么提炼了，何必做那么多题给脑子增加负担呢？那样天天得费多少脑细胞。

李： 这么多年走来，你也长大了，现在回过头来看，你如何看待被确诊为阅读障碍这件事情呢？

校校： 我根本不在意阅读障碍这件事情，我觉得这个只是人生的一个小坎儿。我还梦想着，老天是不是给我打开另外一扇窗，我就成为超人了。

李： 阅读障碍没有给你造成困扰？

校校： 没有，一点困扰都没有。阅读障碍没有对我造成任何的困扰，反而让更多的人喜欢上了我，（笑）这段不要啊，帮我删了。

李： 你的梦想是什么？

校校： 我想做一个特立独行的人。我的梦想可能有很多条路，每条路都可以通往终点。我走着走着，到处都是分叉，而我不断往自己喜欢的方向走。无论我往哪边发展，我都会处理好人际关系。

李： 你妈妈现在还逼着你写作业吗？

校校： 不逼了，逼迫也没什么好处，反而导致我们的关系紧张。如果最后我没写完作业的话，受批评的是我，又不是她。

李： 你现在为你的体重担心吗？

校校： 不担心。胖是一种实力的表现。

李： 阅读障碍不是你的障碍，体重不是你的障碍，你生活中最大的障碍是什么？

校校： 我怕失去朋友，怕不对劲的眼神。

李： 你是一个特别重感情的人。

校校： 那是肯定的，前提是他真的对我好。

"存在即有价值"

——群晓

访谈对象：

群晓,《我不是笨小孩》第二集主人公。

访谈时间：

2018年11月23日,群晓小学五年级。

感恩与快乐

李： 我很好奇，你刚才在纸上写的感恩的话是什么？

群晓： 我写了3个人的名字——爸爸、妈妈和同学，他们对我来说是多么重要，写了对他们的感恩，希望他们能够快乐。

李： 你感恩爸爸什么呢？

群晓： 感恩他在我学习最艰难的时候，没有放弃我。爸爸一直抽时间来帮我学习，给了我很多自信，让我没有放弃学习这条道路。

李： 你感恩妈妈主要是哪些方面呢？

群晓： 妈妈在我需要帮助的时候，为了我放弃了一份非常好的工作，到一个陌生的城市，选择了一份劳累的工作，每天都要工作到晚上10点。我有一次看到妈妈从教室里走出来，把手机使劲往地下一摔，都气哭了。总之，妈妈为我放弃了很多，我对妈妈怀有感恩之心。

李： 有没有什么感恩的话想对你妹妹说？

群晓：妹妹让我感受到当哥哥的责任和快乐。某些时候，她能给我带来意想不到的惊喜，还让我回想起我的童年时光。

李：你还记得过去特别艰难的时候吗？

群晓：记得。我生字抄写30遍，一个都记不住。我都是用心写，字形背了好多遍，字义背了好多遍。

李：当时是什么心情？

群晓：非常纳闷、沮丧。我跟不上别人，感觉自己像异类，写字的时候很痛苦。我根本不知道为什么，一个字写到第9遍的时候记住了，去趟厕所的时间，这个字就又忘了。

李：那时有没有想过放弃？

群晓：当时我有打算，不想再做这个事情了，后来妈妈让我用一种新的记忆方法，我用这种方法才记住了一些字。从四年级开始，我会把每个写错的、不会的字都记在一个本子上。在考试之前一个月，我每天晚上都会把每个字写3遍，然后用录音机反复听写，错一个抄写4遍，再做别的内容。晚上有时候会学到11点半，主要是复习语文的生字词。但我发现,不论怎么复习,我平常会的,在考试时会被紧张所干扰,又不会了,太恐怖了。

我相信自己不比别人差

李:你为什么对自己要求那么严格?

群晓:我相信自己不比别人差,我觉得我能跟他们一样,我跟他们没有什么区别。

李:你现在每天大约阅读多少万字?

群晓:如果不做其他作业,比如说英语、数学、语文练习,10万字是能保底的。比如说,今天就阅读了19万字,上周几乎每天都10万字。如果有我感兴趣的书,不是我逼迫自己看的话,最高的阅读记录是一天40万字。但也有非常难懂的书,比如说《山海经》,我10分钟才能看一页。

李:你喜欢阅读吗?

群晓:喜欢看的书,有用的书,我都喜欢。

李:喜欢读哪一类书?

群晓：传记、历史、武侠小说、(关于)电子动力学(的书)，差不多就这些。

李：你有没有觉得自己笨的时候？

群晓：我几乎一直都这么觉得。不论什么时候，我都悲观地看待自我，虽然我知道这是一种负能量，但这能让我一直练习。

李：你觉得你自己是笨小孩吗？

群晓：是的。我记忆力差，别人能过目不忘，或者只用10分钟就能背下来的内容，我可能要花上四五个小时，如果非常难的话，两天也是有可能的。

李：你会感到挫败吗？

群晓：我无时无刻不感到挫败。只要自己在平均线下，或者刚刚抵达平均水平线，没有超过其他人很多，我就会挫败感十足，产生悲观的心情。

李：你期中考试的时候，数学考得很好。

群晓：数学是我练习最少的学科。

李： 你数学考第一名的时候，回家后爸爸有没有奖励你？

群晓： 没有，我们家几乎没有人关注我的成绩，只有我妹妹说："哥哥要加油。"我爸爸对我的成绩并不在意，他只关心我错了什么，为什么会错。如果这个题目不应该错，是我粗心大意，就算我考了多高的分，他都会很生气。但是如果说是我不会，或者因为紧张，他都不会放在心上。我考多少分，我爸都记不住，就像我记不住我的电话号码一样。

妄想的梦想

李： 你喜欢现在这所学校吗？

群晓： 还挺喜欢的，就是学习时间过多，老师给得压力过多，我压力过大。如果是没有承受力的人，处在我这种情景下，会崩溃的。

李： 那你是怎么做到不崩溃的呢？

群晓： 我为了达到目标，一直在努力。

李： 什么样的目标呢？

群晓： 在我们班，成绩不在倒数十名。

李： 你的目标是得第几名？

群晓： 第三名就可以了，我很知足，只要错的是我不会的，我就很知足。这次数学考试，我居然有一道题没看着，这让我很生气。我是跳着做题的，有些难题或者是计算问题，我会放在后面写，我一般都会做个标记，过一会儿再擦掉，但那个标记正好被我忘记了，老师还差点扣我卷面分。

李： 你想不想得第一名？

群晓： 想，这是一个希望，或者说是一个妄想。我经常觉得，得第一名这个梦想可能性几乎为零，尤其是在全班都是学霸的情况下。我们班同学的数学成绩没有人低于80分，所以我觉得这几乎是妄想。

李： 你觉得自己最大的优点是什么？
群晓： 只能说，我不知道。

李： 你觉得你的同桌有什么优点？
群晓： 学习好，积极乐观，做什么事都非常认真。

李： 我觉得你也有这些优点。

群晓： 但是我觉得他比我做得更好。

李： 你想超过他呀？

群晓： 这是一个比妄想还要妄想的梦想，我几乎是不可能超过他的。

李： 你这次数学考试超过了呀。

群晓： 这只不过是一门，要达到全人之美，需要很多门都超越，这才是我唯一的梦想。

李： 你想将来成为一个什么样的人？

群晓： 不是废物，不是没用的人。我是悲观主义者。

李： 你还小，为什么这么悲观呢？

群晓： 姥姥教育我，无论什么事，都有比你做得更好的人，你肯定有不及别人的地方。

访谈时间：
2019年01月19日，小学五年级。

坚持不懈

李： 你是如何克服读写困难的？有什么经验可以分享给其他小朋友吗？

群晓： 我可以说出来，不知道大家会不会采纳。拿着语文书，先听写一遍，然后错一个字写3遍，再拿语文书敲下自己的头，一定要拿书脊，因为敲起来更疼，第二遍听写的时候，一般只错一个。例如，不堪的"堪"，是"土"加上"甚"，原本不会写，敲上两遍就会了。

李： 你是让身体来帮助记忆吗？
群晓： 我觉得是刺激大脑。

李： 这个刺激对你来说管用，是吗？
群晓： 嗯。

李：你每次遇到不好记的汉字，都会用这种方法吗？

群晓：有的时候会抓狂。

李：你妈妈给我讲过一个细节，说你在你们家墙上挖了一个洞，你还记得这件事情吗？

群晓：那时候很暴躁，怎么写也不会，就使劲地打墙，打出了几个洞。

李：你除了暴躁外，还有什么感受呢？

群晓：痛苦不堪。所谓的形旁、声旁，（我都感觉）乱七八糟的，还不如文言文写得好呢。

李：现在你已经摆脱了阅读障碍的困扰，超出多数阅读障碍孩子的发展水平，你觉得应该归功于哪些方面？

群晓：父母，老师，还有我的自律。首先，应该归功于我妈妈，在我学习困难的时候没放弃我，把我带到了运城的学校。在我学习很困难的时候，都是靠爸爸妈妈给我听写和讲解，我爸生病了都给我听写，我有不会的数学题，都是我爸讲的。最后，还得归功于我的老师，总是严厉地指出我的问题。

李： 你觉得你自己的优点是什么？

群晓：（长时间地沉默）坚持不懈。

追求卓越

李： 能讲一下你的求学经历吗？从幼儿园开始，去过几个学校，对学校有什么印象？

群晓： 我上幼儿园的时候，就把拼音学得差不多了，但后面那些比较难，比如 ang、eng、ing 这些无法理解的（组合），还有语法，令人头疼。后来转到一所双语学校，锻炼了英语口语，但能写的东西几乎为零。小学一年级的时候，我认识了很多同学。二年级的时候，班上有一些同学欺负我，拿我开玩笑，我很愤怒。那时候学习不太好，听写错很多。有一次，采用刚才说的方法，结果第二天考了 100 分。三年级的时候，痛苦不堪，听写测试好不容易才拿 70 分，我错得改都改不过来。

后来，我来到了山西运城重新上三年级，这一年我改变很大。四年级的时候，可以说是我人生的巅峰，我数学考了 98 分，语文考了 94 分，英语考了 95 分。我每天都复习到很晚，一般都是11点才睡觉，现在我觉得12点半睡觉才算晚。

李：我看你这次期末考试考得也挺好的，达到自己的目标了吗？

群晓：数学、语文没达到，英语达到了。我的底线是90分，数学的底线更高，是95分。

李：我看老师给你的评价都是优秀。

群晓：可是综合成绩是"突破"，这让我失落了整整一个下午。

李："突破"代表着什么呢？

群晓："卓越"就相当于状元，"优秀"相当于进士，"突破"对我来说等于落榜。虽然说作文和阅读居然给了我"卓越"，但还不如在综合里给我"优秀"或者"良好"。我觉得我的篮球也应该得一个"卓越"。

想成为爸爸那样的人

李：喜欢现在的学习生活吗？

群晓：还行，这里压力太大了。平均每天大约要写300分钟的作业，每天四五个小时。如果到了考试期间，复习压力太大，稍不留神就倒数了。

李：你还挺执着于自己的成绩的啊！你们班的同学都很厉害，你也是数一数二的，我一直都觉得你特别棒！
群晓：我觉得我在班里垫底。

李：你爱说反话。
群晓：我真的觉得自己垫底。

李：你是悲观主义者。
群晓：考试成绩有比我强的，别人的作品有比我好的。

李：有没有觉得自己的妈妈和别人的妈妈不一样？
群晓：我妈妈生了个不好的儿子，考试不好，学习也不好，不省心。

李：你一直在思考这个问题吗？
群晓：（思考了）两年或者三年，甚至是四年。

李： 那你想跟妈妈说点什么？

群晓： 她儿子真不省心。

李： 你已经够让妈妈省心的了。长大了想成为一个什么样的人？

群晓： 我想成为像爸爸那样的人。正义、勇敢，敢于挑战权威。

访谈时间:
2021年6月,初中一年级。

安抚情绪直到它消失

李: 咱们很长时间没见了,你觉得这两年你自己有没有变化?

群晓: 有变化,更善于控制情绪了。我能做到让自己情绪平稳,有点类似于"佛系"。暴躁的脾气更容易被察觉,也比较容易被开导。

李: 情绪应该有发泄的出口。

群晓: 发泄情绪不如安抚情绪,让它消失。发泄总会有一些遗留,如果让情绪消失,不就彻底解决了吗?

李: 你逻辑性好强(笑)。你有哪些方法让情绪消失呢?

群晓: 我的方法就是思考,能想开就想开,想不开的去找根源当面解决,解决不了的话,就想方设法遗忘。怎么遗忘呢?最常用的方式就是睡觉。

李： 现在最担心什么？

群晓： 父母以及老人着急。

李： 你妈妈一般因为什么事情跟你着急呢？

群晓： 有时候因为学习，有时候因为生活习惯。除此之外，会因为我跟妹妹之间的矛盾着急。

李： 你比你妹妹大这么多，你们俩还闹矛盾吗？

群晓： 首先，我的存在影响了我妹妹与我妈妈坚定不移的亲情；其次，我的存在影响了我妹妹使用平板电脑的时间，以及美食的第一选择权；再次，我的存在影响了她与朋友们的交往时间；最后，我的存在经常会使她感到非常烦恼。

生命的意义不就是快乐吗

李： 你的理想是什么？

群晓： 对我来说，称得上理想的东西应该有两个。第一个是想要上学、读书、学习，第二个就是想要父母、老人还有我妹妹能快乐。

李：你将来想读一个什么样的专业？

群晓：条条大路通罗马，我想读我热爱的、我喜欢的、有用的，其他的我觉得是浪费时间。

李：你觉得什么是你热爱的、觉得有用的呢？

群晓：我认为法律、经济学、社会学、心理学、物理学、化学、数学都是有用的，再算上量子力学和计算机。

李：你最感兴趣的是哪个方向呢？

群晓：我都感兴趣，只不过是付出与回报的占比不同而已。

李：我看你们这学期还有哲学课，你觉得生命的意义是什么？

群晓：生命的意义不就是快乐吗？

李：你现在快乐吗？

群晓：我现在要说快乐呢，基本的东西有了，家人很爱我。但我给予别人的快乐不多,这使我伤心,让别人痛苦之后,我觉得我就没有快乐了,所以还说不上快乐。

每个人存在即有价值

李: 未来你是要在开封接着上高中,还是有其他的打算呢?

群晓: 我的目标是一个时间管理强、课业压力大、师资力量足的学校,而且要有足够的书。在这里读书,就得看这所学校能否满足我父母以及老人的需求了。

因为老人们不是很赞同我继续在这里,他们说:"你高中一定要回北京,你要在家旁边。"我觉得我姥姥、姥爷说得有道理,因为我一年也就回去两三个月,再不回去,真的是太不孝了。但是我不确定能不能找到比这所学校更好的学校。如果能并且有机会进入的话,我有一半概率会回北京。

李: 你还是希望在这里接着把初中读完的,对不对?

群晓: 高中可以另做打算,在这里读初中还是挺重要的。

李: 你未来想成为一个什么样的人呢?

群晓： 我觉得我的偶像就是我爸。他很强大，能承受好多不可思议的压力，还能过得这么快活。我的方向未曾固定过。我认为只要能达到经济自由就好了，要那么多钱干什么呢？我认为每个人存在即有价值。

"这个世界本来是不完美的"

——若汐

访谈对象:
若汐,《我不是笨小孩》第三集主人公。

访谈时间:
2018年12月31日,若汐小学三年级。

我的 2018

李：2018年，你最开心的事情是什么？
若汐：妈妈带着我和姐姐去买鞋。

李：你觉得自己这一年有哪些进步？
若汐：语文课的听写，只有不会的没写出来，写出来的几乎都是对的。

李：这一年你有什么愿望变成了现实？
若汐：我成绩非常差，我想语文考70分，最后考了67分。

李：快实现了，老师有没有表扬你？
若汐：她是新老师，还不知道情况。

李：你想不想考100分？
若汐：现在不想了。

李：今年语文考试一共及格了几次？

若汐： 两次。

李： 你是怎么努力的？
若汐： 每天坚持晨读和学校的听写。

李： 能说一下你的作息时间表吗？
若汐： 我早上06：12起床晨读，07：05下楼。

李： 这么早起来读书有没有困难？
若汐： 没有困难。

李： 家里人中你会选谁当榜样？
若汐： 姐姐。她作息时间很好，妈妈让我向姐姐学习。

李： 她还有其他方面值得你学习吗？
若汐： 没有了，她也应该向我学习。

李： 你哪些方面值得姐姐学习呢？
若汐： 妈妈叫她去刷碗，她就只刷碗，不刷筷子和勺子。我看见了，我就都刷了。

李： 写作业和做家务，你愿意选择哪一个？

若汐： 写作业。

李： 为什么？

若汐： 虽然写作业有些困难，但是得到了爸爸妈妈的帮助，我会了这道题，我就会开心起来。

李： 你想从爸爸身上学到什么？

若汐： 我数学题、语文题不会，就常常去问他。爸爸每天早晨比我起床早。平常都是晚上12点睡，早上5点就起来了。

李： 如果向妈妈学习的话，你觉得应该学什么？

若汐： 坚持做自己，比如她膝盖疼，还一直坚持上班。

李： 你觉得自己哪些方面比较突出？

若汐： 我还真不太了解。

访谈时间：
2020年12月05日，若汐小学五年级。

上学总是不开心

李： 2017年我刚来拍你的时候，你每次做作业都特别磨蹭，还记得吗？

若汐： 记得，因为有些题不太会，学语文比较困难。

李： 困难主要在哪些方面呢？

若汐： 主要是字词和阅读方面，写作可能就写不出来，那时候非常难，也非常急，特别想下笔，但就是写不出来。我着急的时候就会特别磨蹭，看起来表现得比较平，但其实心里很着急。

李： 爸爸妈妈会怎么帮你呢？

若汐： 他们在身边就引导一下我，但是引导了半天，我也想不出来。

李：你是什么时候发现自己读写困难的？是一年级吗？

若汐：一年级的时候我并没有发现，但是我觉得不太好。妈妈当时很着急，每天都问我："能不能别总动了？"

李：你自己能控制吗？

若汐：控制不住。我写作业的时候，就是待不住，我妈妈很着急，我说"我控制不住"，她就说"忍着"。

李：一年级的时候，有没有发现你和其他同学不一样？

若汐：我那时候还没有发现。他们考得比我好，我也没怎么在意。

李：你喜欢上学吗？

若汐：不太喜欢上学。

李：为什么呢？

若汐：在学校一天，别人学下来是开心，我可能就是不开心。

李：哪些事情让你不开心？

若汐：在学校里会被老师批评。老师让我努力学习，学了半天我还是很差,每天被叫到办公室去。问我作业为什么写得这么差,为什么写得这么乱,为什么没有写完。

李: 几年级的事情?

若汐: 三年级的时候。

李: 你考得不好的时候,老师什么反应?

若汐: 老师总是问我们"为什么",我们学不会,她就以为我们笨。

李: 老师怎么说?

若汐: 她什么也没说,当着同学面叹了个气,但是可以看出来,她其实觉得我们不行。

李: 可不可以回顾一下你转学前的情况。

若汐: 当时班主任是语文老师。我语文比较差,当天考完试,她看着我挺失望的,特别生气地大吼。我当时什么也没说,当天中午回家以后,我非常难受和痛苦,趴在沙发上哭,奶奶问我到底怎么回事,问了半天也没问出来。

我妈中午回到家,看到我这个样子,了解了事情以后,直接去学校找老师了解情况。当天下午我就发烧了,之后就请假了。我爸爸找到校长,建议给我换个班,校长说我们那个班主任是学校当时最好的老师,不同意我换班,后来才同意我转学。

关于早起的一切

李:现在每天起这么早,是你自愿的,还是爸爸妈妈要求的?

若汐:可以说是被动,也可以说是主动,我就是想努力一下。虽然别人看不到,自己在努力就可以了。

李:你每天早起学习,坚持了一两年,语文成绩仍然不见起色,你是什么心情?

若汐:很悲伤。

李:有没有灰心想放弃,睡个懒觉算了?

若汐:没有想过那些,我就想再去努力一下,看看期末是什么样子。

李:坚持早读对你有什么影响?

若汐： 说实话，早上读一会儿，车上读一会儿。课间就没有精神了，自己愁眉苦脸的，很难受。课堂上如果不听讲，老师就会叫你的名字。每天还有各种试题要做……

李： 你是怎么坚持下来的？

若汐： 背后有人鼓励着，自己坚持一下，也能熬过去。

李： 你用了"熬"这个词。

若汐： 学习可能就是需要"熬"过去，煎熬一些，可能就是得晚睡早起，比较难受。

李： 你现在觉得自己有改变吗？

若汐： 以前我不太会写作文，现在可以在课堂上自己写作文。

李： 现在每天写作业大约要花多长时间？还有困难吗？

若汐： 我吃完饭就开始写，从七点半到十点半之前，没写完的话，就拖到第二天早上继续写。数学题比较困难，其他就没什么了。

李： 阅读时，你是怎样的感受？

若汐： 我觉得很有趣。

李： 还会有错读、漏读的情况吗？

若汐： 没有这种情况，但做阅读题的时候，要在原文中找答案，我就容易忽略信息。

李： 你看汉字还会动吗？

若汐： 不会动，但是记不住，很多字不会写。我自己也不清楚，不会的字就是想不出来。

现在压力比以前更大

李： 每天考试对你有压力吗？

若汐： 压力很大。如果考试考不好，同学可能就会嘲笑我，他们就在背后小声地鼓掌，下了课就说："哎哟，真好哟，真棒哟！"极其烦人，特别讨厌。这时候我就忍着，回头再说，让我妈去找他的家长。但是下了课，他还会过分地说："平时成绩考不好，一考就考个大鸭蛋。"

李： 前几天你妈妈跟我说，有一次考试之前你请假了，是因为这个原因吗？

若汐：不是，考试之前我身体不太舒服，就没去。

李：你害怕考试吗？
若汐：说实话我挺害怕的。我考得可能没有别人好，我不在乎，但是当别人嘲笑我的时候，我就会在乎成绩，就会觉得压力很大。

李：你爸爸妈妈在乎你的成绩吗？
若汐：爸爸妈妈不在乎，他们会继续鼓励我。但是当我因为成绩遇到不公的时候，我爸妈还是会去学校理论。

李：你最喜欢做什么事情？
若汐：做手账。

李：将来长大了，你想做什么？
若汐：没有想过。

李：你对你自己的未来担心吗？
若汐：会有一些担心，但现在先不想了，时间还很长，但也不长，一眨眼就过去了。

李：你爸爸妈妈最近也很操劳，我看你经常主动地去照顾别人。

若汐：我比较细心一些，我妈吃什么药我都知道，可能我爸都不知道。现在看自己心情，能照顾就照顾一下，不像以前了。

李：以前你是什么样子？

若汐：以前我还是非常乐观的，但是现在就不一样。

李：有没有特别想做的事情？

若汐：可能有，也可能没有，有的事情也是实现不了，现在不像四五年级那么容易满足。现在压力比以前大，五年级的时候心里想的可能会少一些。

李：你羡慕姐姐吗？

若汐：不羡慕，她也是自己一个人熬过来的。

李：你想不想在学校里拿到一张奖状啊？

若汐：说实话，如果能拿到一张，也是开心的，但是拿不到的时候，看到别人拿，也没有什么可羡慕的。因为别人可能是天生的，或者是自己努力得来的。

李：你妈妈给你颁奖的时候，你什么心情？

若汐：我也很开心，我觉得很温暖，但我更希望得到学校的奖状。这六年中，我其实也得到过老师的鼓励，只是没有拿到老师给的奖状。

这个世界本来就是不完美的

李：你在学习上最困难的是哪一科？

若汐：现在是数学。自从上了五年级，数学成绩就下降了，不知道为什么。语文可以看出进步。

李：学习上，爸爸妈妈谁帮你更多一些？

若汐：爸爸管数学，妈妈管语文，英语主要靠自己，因为他俩都不是很好。

李：你英语还可以，是吗？

若汐：英语在期中考试的时候差一些，考了72分。这次考了81分，现在才回到了我的真实水平。

李： 考试有很大的偶然性，你首先要自信，再努力就可以了。

若汐： 我觉得如果自己和父母一起努力，还是可以的。

李： 你想一想，你理想中的学校是什么样子？

若汐： 学校里有很多好老师，没有作业，不用考试，有个叮当猫。

李： 你知道什么是阅读障碍吗？

若汐： 这个我倒没有了解过。

李： 你周围的老师和同学知道吗？

若汐： 可能有些人知道，多数人不知道。

李： 我们跟你聊阅读障碍，你会不会心里很难受？

若汐： 可能会有一些，我有的时候也觉得这是自己的缺点，可能这个世界本来就是不完美的。虽然有点压力，有点煎熬，但是总体还是挺好的。

很煎熬，很难受，但也得受着呀。有一句老话说了，吃得苦中苦，方为人上人。现在可能是在吃苦中，但将来可能会比现在好一些。

叁

聪明的笨小孩

"正确认识阅读障碍"

——舒华

舒华：北京师范大学认知神经科学与学习国家重点实验室教授，博士生导师，国际知名心理学家，纪录片《我不是笨小孩》学术顾问。其主要研究领域为语言加工、儿童语言阅读发展和阅读障碍的认知神经机制等。

访谈时间：
2019年3月22日

阅读障碍的底层认知基础

李虹：您当年为什么开始做阅读障碍研究？

舒华（以下简称舒）：那时候国内并没有阅读障碍这个概念。我的导师张厚粲教授在美国得克萨斯州访学的时候，有人问她中国有没有阅读障碍，她说我们没有做过系统研究，还不能回答这个问题。大概是 1983 年，她回国以后跟我们说了这件事情，我当时是她的研究生，正在研究汉语儿童的阅读学习，我听了就有一个想法，要做这方面的研究。

当时国内没有研究可以参照，山东师范大学一位教授曾经做过关于阅读障碍儿童发病率的调查，但没有进一步系统地研究。我先研究正常的孩子怎么学汉字，大概做了 10 年。1997 年，正好有一个研究生提出想研究阅读障碍，我们的正式研究工作是从那个时候开始的。那时候我国香港地区的研究也刚刚起步，我跟香港同行也有一些交流，然后逐渐发展了我们自己的测验。

李虹：您觉得汉语的阅读障碍和英语的阅读障碍有哪些相同和哪些不同，您最希望家长们知道的是什么？

舒：英语阅读障碍已经有很多研究，有非常好的成果，但是我们不能直接搬用。所以我们先研究正常儿童，再研究如何应用到障碍儿童身上，看他们到底有什么差别，经过多年研究，我发现其实汉语和英语阅读障碍儿童有很多相似之处，当然也有重要的不同。

汉字数量非常多，学起来很复杂，以前人们一直认为，孩子学不会阅读，是因为不努力。我们经过大量的研究，发现他们其实有一些底层的认知缺陷。比如说他的语音意识不行，不能很好地去辨别音节、音位、声调，这些语音单元是对应汉字的，这就造成学习汉字很困难。再比如，他们不能理解字的意思，存在语素意识问题，比如形旁表义，对他们来说也很困难。还包括一些阅读速度问题，他们读汉字、读数字的速度非常慢，这些都是汉语阅读障碍一些非常典型的特征。英语阅读障碍儿童主要存在语音意识问题，汉语阅读障碍儿童有语音意识问题，也有语素意识问题，语素意识问题是汉语阅读障碍儿童所独有的。

李虹：舒老师，如何区分孩子学习困难是因为情绪、动机问题，还是阅读障碍造成呢？

舒华：经过很多年的研究，我们发现，一个比较有效的筛选测验是汉字命名，给他们不同结构、不同频率的汉字——有高频的也有低频，看他的识字量，不同年龄正常孩子都有一个常模，有阅读障碍的孩子要比正常的孩子低出一个标准差甚至更多。如果要区分儿童是阅读障碍，还是因为情绪、动机和家庭环境导致的阅读困难，我们还有3个测验，就是测量我刚才说的语音意识、语素意识和快速命名。如果孩子智力正常，而这3种认知能力有1个或2个存在问题，我们就会诊断他为阅读障碍的孩子。

阅读障碍的行为表现

李虹： 阅读障碍的孩子会有哪些行为表现呢？

舒： 他们其实智力都是正常的，所以在学前的时候，并不能很明显地看出他们有什么问题，有些孩子说话挺正常，理解、智力都没有问题，甚至数学也没有问题，但是他们上学以后，特别是在一年级下学期后，突然发现学习上的困难，主要是在阅读方面，很重要的一个特点是记不住字，一个字他看多少遍也念不出来，不知道它的意思，抄写多少遍、默写多少遍，还是记不住。头天晚上默写好了，第二天早上又全忘了，这些特征通常会让家长非常着急。很多孩子其实是很努力的，还是想学好，有良好的学习动机，但是无论如何都学不好，这是阅读障碍非常重要的一个特征。

他们特殊的困难就在阅读方面，早期的时候数学不受影响，但是到了高年级，阅读有问题，应用题读不懂，估计数学也会出问题。阅读是一个最基础的能力，它会影响孩子全面的发展，一生的发展。

我们初期主要是做行为研究，是想探讨阅读障碍孩子的特征是什么。随着研究的深入，就想知道它的来源是什么，基本病因是什么。随着脑成像、脑电、基因等科学技术的发展，我们也逐渐将这些技术应用到孩子大脑的研究中。

我们发现，阅读障碍的孩子在辨音上是有困难的。辨音是孩子从出生开始就具有的一种很重要的能力，要把生活中连续变化的语音范畴化，然后分成不同的类别。比如说 bá 和 bà，汉语的四声的声调是一个连续体，我们要分出哪个是二声，哪个是四声，这种能力对于把它跟汉字的读音对应起来是非常重要的。我们用脑电技术去对比研究，发现阅读障碍的孩子对语音范畴间的变化不敏感，并且更多是在右脑加工；而正常儿童对范畴间的变化敏感，主要是在左脑加工。而正常的孩子是能区分开的，这可能跟遗传基因有关系，国外有研究也证实了这一点。

我非常想让家长了解阅读障碍，它并不是孩子不努力造成的结果，阅读障碍是很复杂的，它有遗传基础。如果父亲、母亲有阅读障碍问题，遗传率大概有 60%~70%，遗传因素是相当大的。它还有神经生理基础，阅读障碍儿童在一些重要的阅读相关脑区激活较弱，并且可能有阅读障碍的风险基因，这导致孩子有阅读方面的困难，不完全是他们不努力。家长的作用非常重要，特别是妈妈，她们是阅读障碍孩子最大的支持者。父母的态度，以及他们对阅读障碍特征的认识和理解，对孩子成长非常重要，如果父母有很多焦虑，对孩子认识不正确，就会极大地影响他们发展。

阅读障碍的孩子最困难的时期是在小学。这一阶段，孩子思维发展有限，他们不会用其他知识经验和策略去帮助自己。到高年级后，孩子的思维、认知发展了，阅读遇到困难的时候，他会有很多办法去克服这些困难。很多孩子的情绪、情感，包括自信心、亲子关系、人际关系都可能出现问题，所以阅读障碍带来的实际上是一个全面的问题。家里如果有一个阅读障碍孩子，对家长是一个非常大的挑战。

国际上对阅读障碍的研究已经上百年了，但在中国只有30~40年历史。阅读障碍孩子只是在某一个方面有问题，可能在其他方面有特长，世界上有很多著名的人士也是阅读障碍，但是他们在其他方面有更多的特长。家长不要过分地苛求孩子，其实只要他们能够正常发展，按照他们的节奏去发展，就不用担心他们未来的生活。

如何提前发现阅读障碍的孩子

李虹： 阅读障碍如果有基因基础的话，那上学之前是不是也会有一些征兆？

舒： 是的，我们做过一个比较大型的追踪研究，在北京追踪了300个孩子，连续15年，从1岁一直追踪到15岁，就是想了解到底什么样的早期因素，可能导致他后期成为阅读障碍。

我们发现，阅读障碍的孩子有3种缺陷——语音的缺陷、命名速度的缺陷和语素的缺陷，这些缺陷在4岁左右的学前阶段就开始显现了。

比如说语音，让他们做一些音的删除，比如说da，如果不说前头第一个音，那是什么，应该是a，或者"红绿灯"不说"红"是什么，他能否把这个词的音节分解开，这是个很重要的能力。

还有命名速度，即给他一些数字或图片，让他快速地读出来，看他读的速度有多快。阅读就是看到一个视觉符号，把它变成语音的过程。比如4岁左右的孩子，就可以给他一系列数字，让他以最快的速度读出来，有些孩子就会读得比较慢。对更小的孩子，可以给他一些图片，例如像鱼、牛、马这样他能识别的图,让他去读,也可以看出阅读速度。

再就是语素,汉语有大量的合成词,它们是由2个或3个语素组成的,比如说"红旗",是"红"和"旗"两个语素组成的,这种合成词可以丰富和扩展孩子的词汇。例如,我们给孩子看一张图,"你看,这是一朵大红花,如果花是蓝色的,它应该叫什么呢?"正常的孩子会把语素分解,把"大红花"变成"大蓝花"。再比如,我们给孩子看一张长颈鹿的图片,同时给他们看另一张图片,长颈鹿的脖子短一点,我们就问,"如果这是长颈鹿的话,这个动物叫什么名字呢?"回答比较好的孩子,就会说是"短颈鹿"。"短颈鹿"这个词实际上不存在,但是孩子通过语素的分解和合成,能够理解这样一个假词的含义。

这3种能力如果在学前就有困难的话,在上学以后,很多这样的孩子就会在学习阅读时也面临困难,这是我们很重要的一个发现。

另外,我们发现早期的口语能力、词汇发展也非常重要。我们做过一个研究,发现一般在16~20个月的时候,孩子会迅速扩展词汇,这时候有一个词汇爆发期,孩子的口语词汇可能从几十个词一下扩展到几百个词,这时会有非常大的个体差异,这个阶段词汇的发展可以预测孩子高中阶段的阅读能力。早期词汇的发展差异,和早期的家庭环境、父母(尤其是母亲)的受教育程度、亲子活动等都有密切关系,它对孩子上学以后的读和写、阅读的流畅性、阅读理解等,都有非常重要的影响。

李虹: 您建议家长在早期如何帮助孩子避免阅读困难?或者减轻他们的症状呢?

舒: 早期家长对孩子的一些支持非常重要。很多家长愿意把孩子送到各种兴趣班里,比如学前就送去学钢琴、绘画,愿意花很多钱,但其实很多家长对孩子的陪伴是不够的。相对那些兴趣学习而言,更重要的是父母——特别是母亲的陪伴。建议家长很早就大量地跟孩子说话,包括在孩子还不能说话的时候,以及刚刚开始说话的时候,都要大量地跟他说话或对话,对话的次数非常重要。听录音机或者看电视都不能代替母亲的对话,不光要让他听,还要跟他对话,这是非常非常重要的。

家庭里的书籍也很重要,对孩子会产生非常长远的影响,我们通过15年追踪研究,看到了家庭藏书量对孩子后期阅读理解、写作等方面的重要性,还发现它跟脑的关系。在学习阅读以后,会有一个与文字正字法有关的脑电波,我们把它叫作 N170 波形。我们同时用脑电和基因做研究,发现家庭藏书量实际上是一个非常重要的保护因素:对于正常基因型的儿童,无论家庭藏书量怎样,他上学后的发展中都会出现正常的 N170 波形。但对于风险基因型的儿童,如果早期家庭藏书量比较多的,也会产生 N170 波形;但是如果家庭藏书量很少的话,就会有一个比较异常的波形。所以,家庭环境对基因有一定的调控或者保护作用。

另外,我们也发现亲子活动的重要性。比如亲子阅读,家长要很早开始给孩子讲故事,并不是完全用口语讲,而是读故事,跟孩子讨论故事的内容,早期跟他们做一些跟文字有关的游戏,它们不仅会影响孩子后期的阅读,而且对孩子的大脑也有影响。我们大脑有两个非常重要的区域——布洛卡区与说话有关,威尔尼克区跟语言理解有关,连接这两个脑区的纤维叫做弓形束,它是在孩子出生以后才逐渐发育成熟的,很大程度受到环境的影响。我们发现亲子活动就会影响弓形束的发展。

李虹: 基因的影响也不是万能的,也不是无法改变的。
舒: 是的。

建立立体的支持体系

李虹： 您能说一说国内的阅读障碍孩子所面临的现状吗？社会该如何给这个群体提供支持？

舒： 第一个就是阅读障碍这个概念还没有普及。家长、教师、政府部门对阅读障碍还没有形成科学的了解，这些孩子真的是一个不被看见的群体。适龄儿童里面，大概有5%~8%的孩子有阅读障碍，这个数量是相当大的，他们在正常学校里学习，但是跟不上学习进度，家长和老师都认为孩子不努力，其实他们无论怎么努力，也达不到正常孩子的水平。他们的自信心会逐渐遇到挑战，甚至完全丧失学习兴趣，导致他们很难在正常学习道路上得到发展。因此，在社会上普及这个概念是非常重要的，要让所有人都了解阅读障碍是什么，对这样的孩子有更深刻的认识。对孤独症、注意力缺陷与多动障碍（ADHD）等，现在全社会都逐渐有了一定认识，但是对阅读障碍的孩子还缺乏认识。因为这些孩子看起来是正常的，他们在行为上并没有明显的问题，就是在学习阅读的时候有困难，像北师大开设阅读障碍课程，策划拍摄纪录片，开设微信公众号，开办夏令营和冬令营，都是很好的普及途径，但是我觉得还远远不够。

不仅公众要有认识，国家立法也非常重要。在发达国家，阅读障碍属于特殊教育的一种，阅读障碍儿童属于有特殊教育需要的孩子。在很多发达国家，阅读障碍儿童一旦被诊断出来，国家就会划拨专款为他们提供各种帮助、支持和培训。另外，国家还应该制定一些教育政策，包括考试政策等，帮助他们能够正常升学，我们现在还远远不够。

我们研究者还要更细致地去探讨阅读障碍孩子的一些特点，研究他们困难的实质，尤其是干预的方法。近些年，我也越来越感觉到，光做基础研究是不够的，仅仅揭示这些问题，实际上还无法让孩子们受益。我们也在发展一些方法，去了解他们真正的困难，并针对这些困难去帮助他们。对于家长和老师来说，让他们机械地重复，进行大量默写和大量重复地阅读，实际上对他们是没有帮助的。我们还要针对孩子的困难，针对汉语、汉字的特点，去帮助他们赶上同伴的学习进度。现在也有很多人在做这方面的工作，汉语的研究工作虽然起步较晚，但现在发展不错。

面向家长的咨询和培训也非常重要。如果家长对这个问题没有认识，或者认识不正确的话，对孩子的影响非常大，甚至可能扼杀他们的积极性，葬送他们的前途。

我希望从政府、学校、班级教师，到家庭、家长，以及科研人员，全社会能建立一个立体的支持体系，让阅读障碍儿童都能够健康成长。

聪明的笨小孩

李虹：阅读障碍孩子没有智力问题，就只是有识字方面的问题，有一种说法认为，他们是聪明的笨小孩，您同意这种说法吗？

舒：我是同意的，很多阅读障碍孩子的智商是非常高的，他们口语没有问题，跟人的交流也没有问题，所以他们通常在学前没被发现有阅读障碍的问题，上学后开始汉字学习才暴露问题。他们正常的生活并没有问题，他们可能体育很好，文艺也不错，其他各个方面发展都比较好，只是一到认字、上语文课阅读的时候就愁眉苦脸。每个个体都有差异，他只是在某个方面有问题，不代表他其他方面都有问题。

有一些孩子后来发展到对所有东西都失去兴趣，体育不行，文艺不行，同学关系也不行，师生关系也很糟糕，阅读理解、思维能力好像都不行，这不是阅读障碍自身的问题，可能跟环境有关，环境对他长期有负面的影响，造成了其他障碍。如果给他比较好的环境，让他的特长得到正常发展，甚至可以超水平发展，然后逐渐克服阅读方面的困难，很多孩子会发展得非常好，有很多著名的艺术家、科学家、政治家也是阅读障碍。

李虹：每个小孩都是不一样的，但如果教育片面强调成绩，环境会给这些孩子造成更多的痛苦。

舒：是的，这个和我们的评价体系有关。语文在学校学习中，是最重要的课程之一，学校又用统一的考试去测评孩子，这些孩子在正常时间内完成不了，速度非常慢，有的是看到字读不出来，有的是写不出来。如果整个教育系统对这个认识有限，用一把尺子去衡量所有孩子，阅读障碍的孩子就会处于非常弱势的境况，这对他们确实太不公平。

只要给这些孩子一些特殊的帮助，让他们能够跟上学习的步伐，特别是在小学阶段，多给他们支持，其实等到了中学和大学，很多孩子会逐渐克服这个困难。

学习困难的孩子还有很多种，数学障碍占3%，语言障碍占5%，注意障碍占8%，再加上阅读障碍，这个群体的总量是非常巨大的。教育发展到现在这个程度，应该关心这些群体，他们需要一些特殊的帮助，现在科学的发展已经让我们对他们有较多的了解，知道他们的困难在什么地方，应该更细致地去帮助他们，让他们赶上其他孩子的步伐，其实他们可以发展得非常好。学习障碍的孩子目前还没有被纳入特殊教育体系中，没有得到全社会的关注，这是我们下一步需要努力的事情。

李虹：您对这些孩子的家长有什么建议？

舒：普通的学校里一个班级有三四十个孩子，教师经常顾及不到这些有困难的孩子。可是很多家庭只有一个孩子，他是家庭全部的希望，家长无论花多少时间、多少精力也不过分。只有你对孩子有信心，有持续的帮助，这个孩子才有可能转变，如果没有家长这样的支持，孩子不可能有转变。任何教育机构、培训机构对他们的帮助都是有限的，只有家长可以时时刻刻帮助这些孩子。如何帮助这些孩子？最重要是对阅读障碍有正确的认识，家长要有正确的心态，陪阅读障碍孩子做作业肯定是非常折磨人的，但是无论如何家长都要有一个好的心态，去帮助他们。焦虑、生气、发火、都会更加影响孩子的情绪，对他们是更大的挫折。孩子本身在外面有很多挫折，回到家里再有这些挫折，他就承受不住了。

李虹：每一个孩子都只能长大一次，父母陪伴孩子的岁月其实也是有限的。没有人天生就会为人父母，也得不断地去学习，和孩子一起成长，这对家长来说，也是一种磨炼和提升吧。

"接纳孩子的不完美"

——李虹

李虹，北京师范大学心理学部教授，博士生导师，纪录片《我不是笨小孩》学术顾问。其研究方向为汉语儿童阅读能力的发展与促进、汉语阅读障碍儿童的鉴别与矫治等。

访谈时间：

2019年9月10日

关于阅读障碍成因的理论和假说

李瑞华（以下简称李）： 阅读障碍的成因有科学解释吗？

李虹： 目前没有定论，还处于探索当中。关于阅读障碍成因的理论主要分为两类，一类是语言特异性假说，另一类是非语言特异性假说。

语言特异性假说的核心思想是：阅读障碍孩子言语加工的模块受到了影响，他们的问题主要表现在阅读领域，比如拼读、书写，它是一个特定的、小范围的缺陷。

非语言特异性假说认为，这些孩子在其他方面是有问题的，其实是底层的认知能力出现了问题，然后这些问题表现在阅读层面上，阅读问题是一个结果，而不是最初的原因。

非特异性假说也有不同的学派、有不同的观点。比如，自动化缺陷假说就认为，阅读是一个高度自动化的过程，字词识别、语意通达是自动化的，看到一个认识的汉字时，熟练的阅读者不假思索就知道它的读音和含义了。阅读障碍孩子就是这种自动化过程出现了缺陷。他们不仅阅读不能自动化，运动过程中也不能很好地判断距离、速度，他们的动作可能会不协调，看上去笨手笨脚。也有研究者挑战自动化缺陷假说："为什么我们看不到成年人有这种自动化缺陷呢？"基于此，有人提出"意识补偿"的观点：他们会有策略地把注意力集中到特定方面来弥补自己的缺陷。非特异性假说还有一种"巨细胞理论"，认为我们的视觉神经中有一些大细胞和一些小细胞，大细胞主要负责信息的快速加工，阅读过程中眼睛是会跳的，也就是眼跳，阅读障碍孩子对于运动信息的快速识别可能存在问题，但他们对于静态信息的识别没有问题。

这些理论大部分都来自英文研究，它们已经有上百年历史了。汉语和英语很不一样。一般来说，我们认为阅读障碍是基因所导致的，它会终身伴随。成年人社会不怎么容易意识到阅读障碍问题，就是因为有意识补偿的存在，加上现在有很多科技手段可以帮助我们，例如，拼写和策略使用不好的话，拼写校正软件可以提供帮助。

逃避是一种自我价值保护

李： 阅读障碍会对孩子产生什么影响？

李虹： 阅读障碍孩子最容易看到的表现是语文成绩特别差，尤其是听写。随着数学开始涉及应用题，其他学科更多涉及阅读过程，语文外的其他学科也都会受到不同程度影响，从而导致学习落后。阅读其实很复杂，需要多种认知资源的参与。古代大部分人都听说能力很好，但是读写能力不行并不会有很大问题。但在现代社会，如果不能够学会阅读，会给自己的生活带来非常大的麻烦，生活中处处都需要阅读。

阅读障碍不仅仅影响孩子的学业成就，更会影响孩子的人生发展。6~12岁是孩子人生非常重要的一个阶段，是走出家庭、接触社会、建立社会关系的重要阶段。在小学阶段，如果孩子看到其他人都能够很快地学会阅读，只有自己有很大困难的话，这对孩子自信心、自尊心各方面的影响都是非常大的。特别是在目前的评价体系当中，家长和老师最容易看见的是孩子的学业成就，学业表现不良可能会影响他在学校中的人际关系，影响家庭中的亲子关系，辅导作业是一个"高危活动"，不健康的亲子关系会影响整个家庭的生态系统。

阅读障碍孩子早期其实是非常希望自己变好的，都兴高采烈、怀抱着很强的动机去学习，为什么后来有的孩子会变得逃避学习了呢？因为没有成就感，别人两三遍就学会了，他就是学不会，对孩子来说，机械的训练实在是一件枯燥无趣并且痛苦的事情。如果长期的努力达不到预期的话，孩子的效能感会被影响，觉得自己干不了这个事情，影响他的自我价值判断，就会逃避学习。我们要避免孩子形成自我价值否定。校校就是这样的，他是一个非常聪明，情商和智商都很高的孩子，但是学习压力太大，挫败感太强，他就选择了学业之外的事情。如果我努力了，我仍然做不好，就说明我没有能力；如果我选择不做，就避免展示自己不如人的一面，这是人的自我价值保护机制。别说孩子，我们成年人也会这样。

对于阅读障碍的孩子来说，他们有可能最后变得不爱学习，学习动机变得很差，这个真的不是原因，而是结果，一个恶性循环的结果。当然，也可能存在另一种情况，例如群晓，他就不断地练习，坚持不懈，他不能放过他自己。每个孩子不一样，不能用同一个标准去要求所有孩子，把孩子逼到一个逃避的世界里面。

面对问题是解决问题的第一步

李： 您的团队给纪录片中的3个孩子及其家长提供了不同的帮助，能否介绍一下具体情况？

李虹： 我和芬兰的海奇·莱汀恩教授（Heikki Lyytinen）

在北师大共同开设了一门英文课程,叫作《阅读障碍:从诊断到干预》,我联系北医六院,请医院推荐一些就诊的家庭,他们再自愿报名担任课程的志愿者,选课的学生会在我的指导下,给这些孩子做一些干预。我开课的初衷是想让更多的人知道阅读障碍是什么,也给我的学生一些真正接触这些孩子和家庭的机会。

校校和若汐都是这么取得联系的,后来也将他们推荐为纪录片拍摄对象。群晓是他的家长通过学术检索,主动找到舒华老师的。面对问题是解决问题的第一步,不管是若汐、群晓还是校校,我觉得他们3个家庭愿意站出来,接受自己孩子的不完美,把自己的经历面向公众呈现出来,这是一件非常有勇气的事情,是非常值得被赞美的事情,也是承担社会责任的体现,他们希望能借此帮助更多孩子和家长,我特别想向他们致敬。

从北医六院推荐到我们这里来的家长,大多有非常强的求助意愿。他们都已经知道孩子有一些问题了,想知道到底是怎么回事,到底该怎么办。这些家长来参加我们课程的时候,总是比较积极。通常在三、四年级之后,家长才能很认真地去面对这个问题,而且他们去医院的大部分原因是ADHD。所以,从北医六院推荐来的孩子都相对严重一些,很多有ADHD共患。

阅读障碍在国外属于特殊教育的范畴，而在中国不是，如果家庭中遇到这样的问题，主要依靠父母。我特别希望通过纪录片和讲座，让更多的家长理解自己的孩子，知道孩子不是懒，不是笨，他之所以做作业磨磨蹭蹭，是因为作业对他来说太难了。

让孩子被理解、被看见

李： 有的孩子不愿意读，更喜欢听，可以用听取代读吗？

李虹： 听是一个很重要的学习手段，特别是在孩子学习阅读之前。不过还得看听什么，我不推荐听电视，因为电视中基本都是对话，也都是短句子、常用词、高频词。我推荐听故事的音频文件，它把书面语转换成声音的形式读给孩子听，能够解决信息输入的问题，帮助孩子扩大词汇量，获取关于这个世界的背景知识。如果孩子爱听故事的话，基本不会是一个笨孩子。

但是，对于正在学习阅读的孩子来说，阅读还是最重要的学习手段。如果有听读软件的话，我建议在听的同时去看文字版本。我觉得点读笔是有意义的，它告诉孩子目前读到哪一个字,在听的过程当中,他可以把看到的字形和听到的字音进行匹配。如果孩子喜欢听,不是一件坏事情,但是最好再加上看,最好的方式是亲子共读,并且是指读。这件事情应该在更早的时候去做,在孩子还没有那么惧怕阅读、逃避阅读前进行会更好。当孩子已经体验到阅读是一件痛苦的事情的时候,他当然就不愿意去做了。

永远不要让阅读障碍的孩子当众朗读课文,这对他们来说是噩梦,是一件非常挫败、很有压力的事情。如果想要和孩子一起读书的话,一定是在安全的环境中,最好是陪孩子一起指读,让孩子有机会把家长读出来的声音和他看到的字形进行配对。这种方法很适合小孩子进行早期阅读,也适合阅读障碍的孩子进行练习。孩子读的时候,家长的声音可以变小,让孩子能听到自己的声音,变得有成就感;孩子不会读的时候,家长的声音马上补进来,让阅读活动能够继续下去。慢慢就会发现,孩子从被动地听故事,变成和家长一起读,最后再变成自己独立去读。阅读活动的主动权和责任慢慢地就从家长移交给了孩子,这是一种非常值得推荐的阅读方式。

阅读障碍的孩子想要得到别人的肯定没那么容易。因为老师也没有接受过相关的知识培训,会无意中做出可能对这些孩子有伤害的事情。我们希望整个社会,尤其是教育系统中的老师，能够有相应的知识，不要用统一的标准去要求他们达到和其他孩子一样的程度。对孩子来说，被理解、被看见是非常重要的，如果仅仅是家庭给予支持，并不足以给孩子非常稳固的支持，希望社会上更多人能够理解他们是有特殊教育需要的孩子，给他们更多的理解和支持，让孩子面对困难的时候，能够相信自己是有价值的、是被爱的，这样他们的内心才可以变得更加强大。

接纳不完美的天使

李： 汉语阅读障碍的发生率是多少？

李虹： 阅读障碍的发生率大概是 5%~15%，有的人比较严重，还有一些个案相对来说是比较轻微的，阅读能力的分布可以看作是一个连续体，比例的高低取决于划分的标准。

李： 我们该如何帮助这样的孩子？

李虹： 科学研究的目的分 4 个层次——描述、解释、预测、控制。经过上百年研究，西方发达国家对拼音文字阅读障碍的研究，已经形成了比较成熟的体系，从诊断到干预，到特殊教育体系的支持，都是比较完善的。而我们汉语阅读障碍的研究历史也就三四十年，目前我们研究的时间太短了，做这个方向研究的人也不多，目前还处于描述阶段，描述是什么，最多到解释阶段，解释为什么，而家长更关心的是怎么办，这是科学研究的最高一个层次，也就是干预层次，目前我们能做的还非常少。

纪录片中几位家长都是很好的榜样，他们坚持不懈，没有因为困难重重就轻易放弃孩子。

对于老师来说，不要用相同的标准来要求阅读障碍的孩子们。例如数学考试，考的不是阅读能力，而是数学理解能力、运算能力，在国外是可以给他们读出题目或延长考试时间。统一标准其实并不完全意味着公平，像芬兰的特殊教育体系强调：每个人都应该获得和自己能力相匹配的教育，这才是真正的公平。对于能力高的孩子，应该给他更多的学习机会、资源、挑战；而对于有学习障碍的孩子，应该给他们更多的支持，而不是一味地严格要求，否则会适得其反。

汉语学习其实是有上限的，我们常用的汉字约3500个，多数孩子可能小学毕业就能学会这3500个字，阅读障碍的孩子可能要到初中才能掌握这些汉字，所以他们比同龄人落后，他们需要更多时间、更多接触文字的经验。即使等到他们正确率没有问题了，他们的阅读书写速度仍然会有问题，所以才说阅读障碍是终身伴随的。

李: 阅读障碍会终身伴随,这些孩子会不会一辈子都要生活在这个阴影当中。

李虹: 主要看从事什么样的工作,如果要死磕到底,从事文字性的工作可能会很痛苦,但是如果从事不太需要文字处理的职业,合适的,才是最好的。

李: 对于阅读障碍的孩子和家长,您想给他们一些什么样的建议?

李虹: 我觉得最重要的一点就是接受孩子的不完美。人最初是接受父母的不完美,其次是接受自己的不完美,而最难的可能是接受孩子的不完美。尤其是阅读障碍的孩子,他就不是一个完美的天使。如果你能够接受每个孩子都是独一无二的,然后相信他、支持他,他以后就可能成为一个幸福而有用的人。要接纳孩子,接纳自己。

"临床诊断与干预"

——王久菊

王久菊，就职于北京大学第六医院，心理学博士，医学学士，哈佛大学访问学者。中国医药教育协会委员、认知神经心理学专家组成员。自 2006 年开始从事阅读障碍研究，参与制定阅读障碍的诊疗标准。

访谈时间：
2022 年 9 月 21 日

阅读障碍和 ADHD 共患率很高

李瑞华（以下简称李）： 您是因为什么开始关注阅读障碍的？

王久菊（以下简称王）： 我本来是学临床医学的，后来特别喜欢心理学，我就在中科院心理所跟毕鸿燕老师读研究生，选择了阅读障碍这个交叉领域作为方向，后来师从舒华老师攻读博士学位。我想走实用主义的道路，毕业后就到了北京大学第六医院（简称北医六院）。我们医院的王玉凤老师在儿童精神科专攻 ADHD，她也对阅读很感兴趣，我们就一起把阅读障碍诊断往临床推广，后续还需要推出很多干预方法。

李： 向临床推广存在什么困难吗？

王： 临床有自己的思路，比如测试软件需要有临床注册证。阅读障碍的纸质版测试很难标准化，我们就将舒华老师的纸质版测试电子化，统一指导语。孩子对着电脑做测试，测试的一致性就会比较高，就能保证测试质量。目前软件已经优化了好几版，下一步会推广到其他医院。

李：一年大约有多少阅读障碍的孩子到您这里来寻求诊治？

王：如果每个报名的孩子都测试的话，人数就非常多。我目前还没有在临床上开展大范围测试，主要是以科研的形式进行，只要家长、孩子有意愿，我就会给他们测一下，如果符合我的入组标准，我们再进行科研；不符合入组标准的孩子，我就会给父母大概讲解一下孩子的整体阅读水平。2021年，我们以科研形式大概入组了200多人，其中包括其他医生推荐过来的孩子。

李：这些家长和孩子是通过什么渠道过来的呢？

王：来源有两种，一种是到我们儿童精神科就诊ADHD的孩子，医生如果发现他成绩不好，怀疑孩子有学习问题的话，就会推荐来我这里，因为出现学习问题的孩子中80%左右都是阅读障碍。我们医院有四五个儿童精神科医生，他们都会推荐孩子到我这里。另外一种是，有些家长看了《我不是笨小孩》的纪录片，或者通过其他方式了解到孩子有类似症状，就直接来找我测试了。

李：阅读障碍诊断和研究在北医六院处于什么样的位置？

王：目前还处于刚刚起步阶段，只有一些儿童精神科医生对此有些了解，很多面向成人的精神科医生都不知道有这个障碍。阅读障碍虽然被写在精神科诊断手册里，但它在一个被忽视的角落里。在很多家长、老师看来，阅读障碍就是学习不好，不会像 ADHD、孤独症那样影响到教学，老师就觉得不用找家长。前几年，基本上没有家长因为孩子有阅读障碍来看病。

李：主要还是来看 ADHD 的比较多？

王：阅读障碍的孩子伴随注意力问题还是挺普遍的。来医院就诊的孩子中，单纯阅读障碍的很少，就算有一些，也是阈下的 ADHD，一般都有一些注意力的问题，只是没有达到 ADHD 的诊断标准。

李：ADHD 阅读障碍的共患比例有多高呢？

王：我们大概计算过，ADHD 的孩子共患阅读障碍的概率是 40%，国际上也有很多研究在关注共患，比例是 18%~45%。因为我们在精神专科医院，又在 ADHD 群体中寻找阅读障碍，所以这个比例偏高一些。

李：ADHD 和阅读障碍是什么关系呢？

王：这是特别好的问题。以前只研究阅读障碍的课题组都开始关注共患的问题了。现在有一个理论——常见病因学假说。它认为，ADHD和阅读障碍共享一些基因，共享脑神经发育的基础，会影响到一些共享的认知能力。2020年，我们写了一篇综述文章，专门阐述共患机制，即一些基因影响到大脑的前额叶，然后影响到大脑的加工速度，大脑加工速度慢，可能是共患的认知基础。如果共患ADHD和阅读障碍的话，多训练大脑加工速度，把底层的基础建立好，再做其他训练，效果可能会比较好。

李：你们一般会给出怎样的治疗方案呢？

王：如果在门诊遇到这样共患的孩子，我们首选治疗ADHD，因为ADHD临床应用时间很长了，相对来说比较成熟，它有几个疗法：一个是药物治疗；另一个是运动疗法，比如说每天运动50分钟，每分钟心率达到110次以上的有氧运动才有效。如果孩子共患阅读障碍，我们一般会推荐他做大脑加工速度训练，阅读障碍目前没有药物可以使用，主要是以认知干预为主。

李：这种药物能不能研制出来？

王：ADHD药物的作用是激发患者的多巴胺系统。阅读障碍可能有激活不足的问题,但是未必和多巴胺特别相关,所以阅读障碍目前在国际上也没有药物可以使用。但如果伴随注意力问题,是可以用提高注意力的药物来促进注意力集中。如果完全没有注意力的问题,不建议用药,还是以认知干预为主。目前也有一些比较前沿的研究认为儿童发育性的问题和脑肠轴有关,比如说肠道的菌群紊乱,有的使用益生菌来治疗,但现在还没有达到临床阶段,还在科研阶段。

李: 对于阅读障碍儿童的干预,医院与高校、科研院所相比,有什么不一样?

王: 北医六院会基于个体的情况去做干预,高校中的科研更多是面对集体的干预,通过对集体的干预,观察两个干预组和对照组之间有没有差异。我们也可以这么做,但是这样做不足以解决家长的问题。我们临床上,不管是诊断,还是干预,都必须基于个体去做更细致的工作。但是,高校最新的研究成果会给我们临床提供支撑作用,使我们能够用到个体身上,我觉得这种合作挺好的。

李: 基于个体的干预,是指对阅读障碍儿童进行认知干预，还是给家长一些方法上的指导？

王：你说的这两个方面现在做得都还不是很好，但是在诊断的测验上，我们已经做得比较详细了，我们能测出来一个孩子的阅读水平是多少，以及相关的核心认知在哪方面有缺陷。我们推荐的干预方法也都不太一样，如果这个孩子是语音意识弱，拼音也很差，我们可能就会给他推荐一些拼音训练。如果他是单纯的语素型缺陷，我们就会给他推荐一些其他的学习方法。如果家长比较认真，我们可能还会推荐一些书或者论文，让家长们了解语素是什么，以及怎么提高孩子的语素能力。

阅读障碍不是"不治之症"

李：在拍摄中经常有人问我，阅读障碍到底能治好吗？您怎么看待这个问题？

王：这是临床上被问得特别多的一个问题。我们认为，这种神经发育性的疾病可以把它们理解成"慢性病"，虽然它会一直伴随着你，但它的症状是可以缓解的，阅读障碍也是这样，经过干预之后，孩子的识字量提高了，他就能通过阅读去获得更多的知识。虽然底层基础，比如脑神经、基因等是不好改变的，但只要它的功能不受影响，也就不影响孩子以后的生活。但是，考试对他们的影响还是比较大的，有些国家通过立法来帮助这些孩子，使他们能在考试时得到更多的支持，比如延长考试时间、帮助他们读题等。

李：您接触的案例当中，有没有"治好"的案例？

王：我现在追踪的一批孩子中，有一个干预效果特别好。他一年级的时候，测试的识字量特别低，他的核心认知能力也特别差。虽然我们对一年级的孩子一般不诊断，但是我们认为他是阅读障碍的可能性特别大。他在这一年中参加了很多干预项目，到二年级的时候，他的学习成绩就提高了，虽然核心认知能力和一年级时是差不多的，但只要他沿着之前的路子继续走，他的症状得到了缓解，就还不错。

李：确诊后，您一般会告诉家长应该怎么做吗？

王：我现在有一个干预阅读障碍的基本原则——优化他的弱点，挖掘他的优点。如果优化弱点很难的话，就把重点放在挖掘优势上。挖掘优势说起来简单，但是可能需要家长花很长时间去慢慢发现和引导。当我们给孩子诊断的时候，有的家长当场就落泪了，他们的情感很复杂，既感觉到孩子不容易，也终于知道怎么回事了，知道要去接纳孩子了。家长第一步要做到彻彻底底地接纳孩子，知道自己的孩子跟别人不一样，他学习认字有困难，然后为孩子选择一条适合的道路。

李：您确诊的孩子中，有没有选择了适合自己道路的案例呢？

王：我现在接触的孩子年龄还都比较小，但是我见过一个孩子。她当时是在舒华老师那里做的诊断，后来父母带她去了国外，完成了小学高年级和中学的学习，她在学校里得到了很好的支持，后来考上了美国波士顿大学。对于这些孩子来说，最好是能找一所学习氛围比较宽松的学校。想在很短时间内找到并培养孩子的特长也不容易。我们不能只看到初中、高中，也要看孩子的一生，如果家庭真的接纳了孩子，孩子就不会特别焦虑，他就算没有上一个好的中学，只要能完成基本的学业，后期能够持续学习，不丧失学习的动力，也能成为一个对社会有用的人。

重视教育的家长会向外求助

李：在教师群体中，知道阅读障碍的人不多，您这边有没有跟中小学教师有过一些交流或合作？对从事基础教育的教师来说，他们面临哪些挑战？

王：我接触过一些老师。有一位是在职研究生，她先前也不知道阅读障碍的概念，后来有所了解，就在当地的教师群体中进行科普，定期举办讲座，我也给他们培训过。我们也帮助当地的小学组织了一个阅读社团，其中有一些阅读障碍的孩子，我们让两个对阅读障碍比较感兴趣的老师带着孩子们做干预训练，并开发他们的特长。这些老师都觉得这件事很有意义，但是由于课业的压力，社团活动后来停了，因此还是需要学校的一些支持。

老师能做到不歧视这些阅读障碍的孩子是第一步，有老师不知道孩子的学习问题是由于阅读障碍导致的，就会觉得孩子懒，不喜欢这个孩子。如果知道这一点的话，最起码能接纳孩子的不一样。我们现在会给合作校的校长一些孩子的名单，让他知道，这些孩子学习成绩落后是有原因的，也会对班主任渗透一些理念，让他们不要苛责这些孩子。

李：我知道您在河北涉县有个研究项目，从目前的数据看，乡村和城市的孩子在数据上有什么不同吗？

王：我们在涉县获得了将近2000个被试的数据，横跨县城、乡村、城乡结合部，还有一些村级学校，每层分别选了2所学校，一共找了6所学校。测试结果出来后，和北京的常模做了对比。在认字量上，乡村和城市差不多，但是他们的底层认知差异很大。有些孩子，尤其是测出来阅读能力比较差的孩子，得0分、1分的特别多。乡村阅读障碍的比例稍微高一些，这和他们的核心认知能力没有充分发展起来，可能有很大关系。

李：他们的阅读障碍受家庭条件方面的影响明显吗？

王：我们没有大范围地做这方面的调查，只做了一批留守儿童的问卷调查。我们调查了他们家里的藏书量，发现在留守儿童群体里面，家里书多的话成绩就会好一些；书少的话，成绩就会比较差。在非留守儿童的群体里面，家里书多和书少的孩子之间就没有那么大的差异。也就是说，家里的藏书量只是一个表象，它反映的是对教育更深层次的重视程度。

李：北医六院中有没有农村来的诊治阅读障碍的人？

王： 很少。我们在涉县做项目的时候，有一些家长知道了之后会过来找我们。其他的来自农村的特别少，大部分都是城市的孩子。很多家长来了以后都泪流满面，有的是看了咱们的纪录片，有一些是听了我们做的讲座，还有一个家长说把我写的文章都看了个遍，尤其是《阅读障碍综述》。总之，特别重视教育的家长，他们才会找到我们。

干预还需要再往前走一步

李： 从医院的角度是如何看待阅读障碍的呢？

王： 阅读障碍属于医疗诊断手册里面的一种障碍。实际上我们在临床过程中，是没有人去诊断阅读障碍的，最多到学习障碍这一层，因为在 ICD—10（国际疾病分类）中有学习障碍，但是基本上到不了特别细致的程度。诊断学习障碍的话，有一些条目也是非常模糊，所以很少有人去给学习障碍下诊断。阅读障碍主要是心理学领域在做，但对于医生来说，他们更想知道的是给出一个明确的诊断标准，干预的时候给出现成的指南。如果以后阅读障碍要在医疗系统往下推广的话，必须有可执行的、具体的干预方法，比如一周几次、一次多长时间的干预，什么亚型用什么康复方案……这也是我们现在在做的事情，马上就可以到执行的层面了。

李：这就是阅读障碍在全国门诊特别少的原因吗？

王：对，干预方案还不够具体，我们做专家共识的时候，就说到了诊断和干预的问题，诊断上现在做得比较具体了，干预还需要再往前走一步。

李：国际上的诊断干预是什么情况？

王：国际上，很多发达国家有一套诊疗体系，由医生或被授权的专业人员完成诊断，由学校心理学家等专业人员和家长一起制定干预方案，在家庭和学校进行干预。完成这一个体系需要国家立法、政府拨款、医院—教育局/学校—家庭三方配合。

李：医院也不能全部解决问题的吗？

王：医院只能给出一个比较快速、大概的方案，最后的干预可能还是在家庭、学校或者一些专业机构（见书后附录），都在做类似的事情。

李：前段时间，上海有个区出台了一项政策，把阅读障碍列为残疾，专门开设学习困难门诊进行诊断，很多家长接受不了,这个事情您怎么看呢?到底要不要把阅读障碍定义成一种病?很多家长对此有顾虑。

王: 现在都是叫障碍,障碍是介于病和暂时落后之间。把阅读障碍放在残疾概念中,可能是为了让这个群体得到公平的对待,可事实上他们又会因此而遭受歧视。目前,阅读障碍没有做到广泛的科普,大家对此还不是很了解,科普就是为了消除人们的病耻感。我得这个病并不感到可耻,是我天生就携带这个基因,任何人都可能有这个概率,就算家族没有,基因突变也可能会导致,作为群体中的一个人,我不应该受到歧视,反而应该得到保护。

李: 现在好多精神科的疾病都在做"去病化"的工作。

王: 对,不以那种病来称呼,而以它带有的特征来称呼。我了解的阿斯伯格综合征、孤独症等都是这样,要给它去病化。家长怕受到歧视。孤独症最开始叫自闭症,为什么后来又改成孤独症?其实换汤不换药,就算改成孤独症,人们可能也不会一下子就消除偏见。

李: 之前还有对"阅读障碍"名称的讨论,我们应该怎么正确看待这种问题?

王: 当时我在美国课题组的秘书就是阅读障碍者,他很自豪地说："我有阅读障碍，我得到了很多的帮助，我以后要做阅读障碍的治疗师。"他没有觉得自己因为有阅读障碍就会受歧视。我觉得我们存在的病耻感最重要的原因是，阅读障碍在政策和法律上没有得到保护，ADHD也没有得到法律保护，只有一些药可以进入医保名录，孤独症不一样，如果孩子被诊断是孤独症的话，国家会有钱给到家庭，但ADHD还没做到这一步，阅读障碍可能还需要更长时间。

李： 现在很多医院开设了学习困难门诊，阅读障碍可以去那里得到诊断吗？

王： 诊断标准[①]刚刚制定出来，我们还没有完成指南的制定，如果写不到指南里面，就很难完全地诊断它。

李： 为什么要开设学习困难门诊？

王： 主要是为了减轻家长的病耻感。从现在的反馈来看，多数家长还是能接受学习困难门诊的，比如，要专门开设孤独症门诊，家长们会觉得有点沉重。其实很多患有阅读障碍的孩子家长没来医院，来的还是少数，而且他们大部分主要还是因为ADHD，再顺便看看成绩不好的原因。纪录片的观

---

① 王久菊，孟祥芝，李虹，等. 汉语发展性阅读障碍诊断与干预的专家意见[J]. 中国心理卫生杂志，2023，37（3）：185-191.

众更多是城市家长，很多农村的家长不是太关心，他们觉得孩子能学出来就学，学不出来就不学了。我经常会接诊这样的家长，妈妈很积极地沟通，爸爸就坐在那里看手机，要不他就说："我们祖辈都是这样的，都过得挺好的。"妈妈已经焦虑得不行了，觉得孩子肯定是阅读障碍，爸爸就说不可能，过两年就好了，两个人有时候还会就教育理念产生分歧。

李：未来临床可以做到哪些事？

王：主要是两个方面。第一是诊断，我们会把确切的诊断标准做出来；第二是干预，给到临床医生一个能够立刻执行的干预方案。

李：有时间表吗？

王：诊断标准基本上已经做好准备了，详细的诊断流程都列出来了。干预方面，我们现在有拼音训练可以推荐，还有一些基于大细胞通路理论的干预训练和基于语音理论的认字方法。做好后会进行全国推广，经过培训之后，一般的医院都可以使用。

李：作为一个临床医生，您对阅读障碍孩子的家长和老师有什么建议？

王： 现在对这些特殊孩子的关注还不是很到位。我发现干预和发展好的孩子，都是家长在背后付出了很多，包括之前在王玉凤老师门诊遇到的一些孩子，考上了清华、北大，一是孩子智力本来就很高，也用了药，最大的原因还是家长坚持不懈地每隔一个月来问诊。这样的孩子需要家长的持续支持，如果学校教育能帮家长分担一些的话，更多的孩子会发展得更好。阅读障碍现在基本上还没有被重视，一味地等待政府层面的支持可能太被动了，更多还是需要家长付出努力，跟学校不断沟通。

现在有一种"神经多样性"的提法，大概意思是每个人的神经发育都可能是不一样的，我们应该接受这种神经的多样性。社会中有很多不同的行业，不同的方向，我们不能要求每个人都要符合所谓"正常的"模式。如果所有人都在"正常"模式下生活，社会其实很难有突破性发展，很多创新都是由一些有障碍的人做出来的，他们有很多新奇点子，想法可能天马行空。比如，阅读障碍的孩子可能看不到每一棵树的细节，但是他能清楚地看到整片森林，如果他对自己有足够的信心，愿意去吸纳各种知识的话，未来可能很适合做很多领域的工作。

"一份特殊的礼物"

——王玉玲

王玉玲,北京市西城区教育学院融合教育中心教研员,学习特殊需要教研组主持人,北京市特殊教育兼职教研员。曾为纪录片《我不是笨小孩》的策划、制作提供专业支持。

访谈时间:
2020 年 8 月 2 日

学习特殊需要教研组

樊启鹏(以下简称樊):您是什么时候开始接触阅读障碍儿童案例的呢?之前您知道吗?

王玉玲(以下简称王):2016年3月,西城区成立了学习问题教研组,现在改名为学习特殊需要教研组,我是这个教研组的主持人。我们的一位教研组成员的班里有个学生有阅读困难,经过专家评估后告诉我们他是阅读障碍。我很吃惊,那是我第一次听说阅读障碍,这个学生数学很好,但阅读、写字很差,我们当时不能理解这是为什么。这个案例给我们极大的触动。

阅读障碍是我们教研组研究对象中的一类,西城区教委和融合教育中心为阅读障碍支持服务工作给予了巨大的支持。我们曾经对两所学校3000名学生做了学习问题筛查,结果比较惊人,存在学习问题的学生比例超乎我们的想象,我们没法给这么多学生一一提供支持服务,于是我们就把这些学生进行分级,挑出程度最重的进行阅读障碍评估,从中选出个案,由特校教师进行个训,同时请专家给普校老师做培训,希望通过改变教师来帮助学生。

樊：您能介绍一下西城区特殊教育服务支持体系的具体情况吗？

王：在中国港澳台地区，学习障碍群体已经是特殊教育的服务对象，但中国大陆地区绝大多数人还不了解阅读障碍。从特殊需要的角度看，每个人都是潜在的特殊需要者，正常的个体也可能会有一些特别的需要，可能未必是生理上的，而是心理上的。从这个角度看，普通教育和特殊教育的界限已经被打破了，融合教育不分普通和特殊，而是为所有有特殊需要的学生服务。

我们西城区为阅读障碍学生服务的体系包括社会各领域的专业力量，我们叫它"立体多维"的支持服务体系。这个体系中有学校、医院、高校、社会机构等多学科领域专家，还有家长和志愿者等社会力量的参与。虽然我负责的是学习特殊需要教研组，但并不只是关注学生的学业问题，而是从学业、情绪行为、心理、社交等全方位给予关注。

在阅读障碍学生的支持服务体系中，我认为教师群体是非常重要的一支力量。在资源十分有限的情况下，我们西城区把阅读障碍支持体系建构的重点落在教师的专业成长上。一个服务流程的搭建相对容易，但是培养能够提供有效支持的专业人才并不容易。我们的做法是将学生服务与教师专业培养紧密结合起来，在帮助阅读障碍学生的同时，提升教师的专业素养，反过来，通过提升教师的专业素养，帮助更多的阅读障碍学生和家长。

阅读障碍是普通教育和特殊教育的双盲区

樊：您觉得对阅读障碍儿童的支持体系中，最主要的不足是什么？

王：阅读障碍需要跨领域协作，但目前这种协作非常不足，尤其是教育工作者的力量过于薄弱。不少阅读障碍家长在了解孩子情况后，不得不想方设法地给教师"科普"阅读障碍。在老师的成长过程中，无论大学里的专业培养，还是职业生涯中的教研培训，都更多的是针对教材、教法。学习障碍可以说是普通教育和特殊教育的"双盲区"，其中，阅读障碍就是这个盲区中人数最多的一类。所以，对教师群体的通识性培训至关重要。我们教研组定期面向全区开放培训，并且西城区2021年就已经将阅读障碍的培训纳入到教师干部与党员培训体系中，我受邀在西城区的党员培训和教师干部培训、学科教育研修中讲授阅读障碍，西城区已经有上万名教师接受过阅读障碍的相关培训。

但是并非仅仅给予教师通识培训就足够了。我在和教师与家长接触的过程中,深深地感受到并非获得阅读障碍的知识就能够产生恰当的观念与行为。不少家长了解什么是阅读障碍,但依然会忍不住在陪伴孩子学习时责骂孩子。他们会觉得孩子确实有困难,但如果再努力一点,困难不就没那么大了吗?或者正是因为孩子有困难,所以才更要努力。我觉得这个问题的关键不是给教师和家长灌输某种观念,而是通过一些方式让他们去"体验"阅读障碍孩子的处境,感同身受才能真正理解孩子,仅仅知道阅读障碍的一些知识是不够的,怎么让教师和家长"体验"阅读障碍,这是培训中需要钻研的一个点。

另外,教师群体缺少如何支持阅读障碍学生的创见。我用了"创见"这个词,想强调的是,作为教师群体不应该满足于照搬已有的干预方法。目前无论国内还是国外,阅读障碍干预都以单项训练的方式为主,作为科研人员、医生、机构专业人员,采用这样的方式是必要的或者是迫不得已的,但作为教师,我们身在交织着各种复杂现实问题的学校情境中,依然采用单项训练的方式,而没有发挥教育工作者的优势就十分可惜了。

老师需要摆脱既有经验带来的偏见,在看待学生的时候,要坚持一种开放和求知的心态,尊重和珍惜眼前的每个学生，主动地去观察孩子，从学生身上了解什么是阅读障碍，才能学会如何帮助阅读障碍儿童。

学科老师可以做到的两点

樊： 如何做才能帮助到这些孩子呢？教师能起什么样的作用？

王： 我特别推荐老师和家长们看印度电影《地球上的星星》，电影中老师做的很多事情我们都能做。我们也总结了一些经验出版了《遇见阅读障碍：教师和家长怎么做》，其中就总结了班主任、学科教师和资源教师都能怎么做。

先说班主任怎么做，最基本的就是依据马斯洛的需求层次理论，满足学生爱与归属的需求。举一个例子，我们曾经遇到一个学习困难的孩子，先前老师的做法就是把他留下来，用更多的时间去补短，孩子从来没上过体育课，也很少按时回家，老师付出了很多，很关心这个孩子，但孩子并不感激老师，恨老师不让他去上体育课，总是和老师对抗，甚至找校长告老师。老师感到委屈，付出那么多却得不到回报。她不理解这个孩子，认为孩子不是笨而是懒。

后来换了一位班主任，她有心理学的背景，同时又在我们教研组咨询过，正确地理解孩子并采用了适当的方法。她的做法看起来非常简单，但效果却拯救了一个家庭。首先是耐心听学生说，让孩子有一个宣泄的通道。孩子说老师和家长都不爱他。这看似违背常理，他妈妈为他甚至辞去了工作，但孩子还是觉得你们都不爱我，只是天天盯着我学习。爱孩子和让孩子感受到爱是两码事。其次，给孩子找朋友，当时这个孩子在班里已经没朋友了，老师就想办法让他融入群体。老师了解到他在家里养猫，就引导他将猫作为话题，融入小伙伴中。并且，这位老师抓住各种机会与各科教师和家长沟通，让他们理解孩子，共同给孩子营造良好的支持环境。

有一次家长会，老师让这个孩子介绍他每天在家是怎么学习的，他面临的困难才被更多家长看见，孩子的妈妈一边录像一边流泪。先前一些家长要求这个孩子转班，因为他通过不断捣乱来寻找存在感，这次大家都理解了这个孩子，纷纷拥抱他，给他鼓励。总的来看，作为班主任，最重要的在于理解孩子，给孩子爱与归属感。

学科教师需要做什么呢？我觉得学科教师最需要做到两点。

第一点大家绝对能做到。阅读障碍孩子的书写也常有困难，让他反复抄写可能依然不见效果，反而容易引起抵触情绪。那怎么办？关键是要让这些字刻在他的记忆里，那不是抄多少遍就能解决的，他需要老师的帮助来引导他记住这个字。老师常常不太能理解一个字这么简单，怎么那么多遍还记不住？在教研活动中，我向老师们展示了"有志者事竟成"的阿拉伯文字，我让老师们记下来，老师说这些字看起来都是一样的，没什么差别，我不知道它每个部位代表什么。阅读障碍孩子看汉字也是类似这种情况，他们难以将汉字拆分成有意义的部件，难以将汉字的形与义建立有意义的关联。因此，我们需要教他去拆分汉字，寻找规律。而且，特别强调的一点是要引导他们用自己的方法记住汉字，可以是用字源的方法，也可以用联想的方法。字源法能够帮助学生分类去记忆汉字，是比较理想的记字方法，但并非所有的汉字都适合用这种方法，而且也并非所有的学生、在所有的学习阶段都适合用这种方法。方法是因人而异的，关键要看孩子的特点，每个孩子的记忆力和兴趣不同，得引导他们自己想办法，而不是把学生留下来重复抄写。老师应该引导孩子对学习汉字产生兴趣，并让他们主动探索打开汉字记忆之门。

第二点是改变我们的观念。这一点也许短时间内并不容易做到，但是这一点不仅对帮助阅读障碍学生至关重要，对改善我们的社会环境也至关重要。

国际上公认的对阅读障碍学生的一个支持方式是提供考试合理便利，比如延长考试时间、提供读题的服务等。很多老师会说，考试应该一视同仁，不能单独给一些人延长时间。甚至有的阅读障碍家长说，我本人就不同意给孩子延长考试时间，这是不公平的。

我们需要思考一个问题：考试目的是什么？是要给孩子分等级，还是让孩子充分展示潜能？如果阅读障碍学生用视觉阅读的方式参加考试只能考十几分，但是用听觉阅读的方式考试能够及格，甚至达到优秀水平。那么，哪种评价方式对这个学生来说是更公正的呢？

有的老师说因为没有出台政策所以为了孩子好，不能放松要求。但实际上，即使在国家没有出台阅读障碍学生考试合理便利政策的前提下，考试调整依然是有意义的。平时的一些小测验，可以通过调整字号、延长考试时间，培养和保护孩子的自信，让他知道"我能行"。他在有足够安全感的情况下，才能够愿意不断地去尝试，去努力。有些老师会有误区，他们会说高考、中考都是统一的，只有我给孩子做考试调整没有意义，但实际上并不是这样的，我们为孩子做的每一件事情都是在帮助孩子成长。我们得知道孩子的起点在哪，再一点点助推他，而不是现在就宣判，不给他成长的机会。

咱们国家做得已经越来越好了。现在盲生参加高考，就可以提供考试合理便利，用大字试卷或者盲文试卷。现在我们需要让更多人认识到，阅读障碍群体也有特殊需要，也是特殊教育的服务对象，他们应该在考试中被合理对待。他们的很多困难来自环境给他制造的障碍，他们自身的困难本身不足以成为问题。当我们把环境营造好，尊重他们，允许他们按照自己的样子去成长，将来他们未必会成为一个障碍者或者困难者。

阅读障碍是一份特殊的"礼物"

樊： 您在了解阅读障碍儿童后，在帮助他们的过程中，最大的收获是什么？

王： 我最大的收获是教育思路的转变。一个孩子给我打开了一个新的世界，通过一个特殊的孩子，我也在学习怎么当老师。

阅读障碍不仅是世界给这些孩子本人的一个礼物，也是给家长和老师的礼物，它让我们看到这个世界是如此多元。孩子很聪明，他们有种种办法去克服障碍。我们不要给孩子贴标签，每个学生都是有特殊需要的，只不过阅读障碍的孩子有一些特点需要我们去了解，然后才能知道怎么样去帮助他们。

我们一直在说帮助阅读障碍学生，其实教师也需要帮助。面对那么多孩子，教师的工作量很重，如果他们工作中感觉到的都是责任，试图凭借长年累月的"经验"让所有学生达到统一的标准，工作压力会很大。但是如果他们愿意"与问题共生"，放下焦虑，冷静甚至充满好奇地去探究问题背后是什么，教师就能感觉到自己在和孩子一起成长，职业幸福感就会油然而生。我们在帮助他们的同时，也在探索未知的世界，扩宽自我成长的空间。

樊：您对家长有什么建议？

王：家长容易有两个误区，第一个误区是对孩子放手不管了，放弃学习；还有一种误区是焦虑，力图把他变成一个正常孩子了，四处求医问药，但家长的焦虑也会影响孩子。我觉得最正确的方法其实是这两者中间的一条路：尊重差异。家长要先了解孩子，然后根据孩子的特点，给他适当的支持。有一句话说得特别好："理解是干预的一半。"你正确地理解他了，就等于干预成功了一半。

当家长发现孩子存在阅读障碍时，第一个反应就是四处奔忙寻求帮助，找医院，找高校，找机构，但是却忽略了自己本身的力量，忽略了孩子的力量。目前国内外阅读障碍的干预手段基本是将阅读障碍学生作为被训练的对象，把策略"教"给学生而不是反过来激发孩子的主动性。孩子学习和阅读的过程中，会不断地体验和积累，阅读障碍并不是智力障碍，他并不是不能阅读、不能理解，而是有自身的特殊性。一些有阅读障碍的成人说，我读得没有那么快，但我会有策略地读，会快速地抓重点。我见过一个六年级的阅读障碍学生，他已经发展出一套适合他本人的阅读方法。他跟别的孩子不一样，别的孩子逐字逐句读，读得很流畅，读完了其实可能没太过脑子，这个孩子读得吃力，但他不断地在大脑里提炼思考，用最简洁的一句话或者一个词去概括这些内容，他还善于在头脑中想象出相应的画面。可以说，差异反而促进他更好地去理解，他绕过障碍走了一条不一样的路，这条路可能反而能帮助他成功，不仅在阅读上，这些经验可能在人生的方方面面给他以启示。

我们也知道，很多成功的阅读障碍者活跃在各个领域，甚至包括作家。你可能会觉得不可思议，但阅读障碍不是给人判死刑。有人说，阅读障碍是"gift"，这个词有两个含义，既是天才、天分，又是礼物。这是一份特殊的礼物，不是每个人都能有的，如果你的孩子得到了，你就好好打开这份礼物，看看这份礼物有什么独特之处，而不是忙着把它给毁掉。

社会环境的变化需要一个过程，孩子的成长不可能按下暂停键去等待，要等环境中的障碍完全清理好，孩子可能就错过了学习期，所以家长要自己先勇敢一点，大胆地去做"实验"，尝试放手，换一种方式与障碍相处。很多孩子不仅面临学习问题，还会面临情绪、心理、社交问题，所以家长不如把一些关注点放在引导他拥有良好的情绪与社交能力上，遇到困难的时候会想办法、会学习解决问题的策略、会寻求帮助……在这些方面去帮助他，而不要把精力放在怎么把他变成一个"正常"孩子身上。

阅读障碍孩子终其一生也很难变得完全"正常"，而且也没有这个必要。需要改变的是我们的看法与环境。当环境暂时不理想时，陪伴孩子一起探索如何"克服"眼前的困难，让这些困难并不只是负面的存在，而成为一种"值得经历的困难"。在经历这些困难之后，阅读障碍孩子会更加自信、乐观、独特而更有办法。

> **他们是有特殊教育需要的孩子**

——张旭

张旭，北京联合大学特教学院副教授，特殊教育学博士，美国密歇根州立大学访问学者。长期从事学习障碍与情绪行为问题研究。深入一线，指导北京市、区多个融合教育中心及近百所普通小学开展学习困难与障碍研究和情绪行为问题学生个案干预，实践研究经验丰富。

访谈时间：

2020 年 8 月 22 日

从特殊教育实践角度关注阅读障碍

李瑞华(以下简称李):您是怎么样走上阅读障碍研究和实践道路的?

张旭(以下简称张):我博士学的是特殊教育,研究方向是超常儿童,做的研究和语言有关,之前对阅读障碍有一些了解,但不深入。后来学校的《学习障碍儿童教育》这门课没有人上,由我来开这门课,就开始了解阅读障碍,觉得非常有意思。

北京联合大学(后简称联大)的定位是"深入实践",我做研究不是单做纯理论,而是会经常去普通学校,那时我每周都去,接触到很多这样的孩子,就会觉得这个领域太需要被关注。

2007年前后,我们系和中国台湾地区的老师有交流合作项目,他们阅读障碍的研究做得比较早,评估、诊断和干预都很清晰。但是他们的研究我们移植不了,评估量表存在常模的问题,我们没有办法拿来直接用,必须基于我们的现实情况开展实践研究,从学校教师视角和真实学校情况中寻求本土化的解决方案。我们当时就在北京东城区一个学校做了语文学习困难的识别与干预研究,会在学校跟着老师教研一整天，课间不断和老师反馈孩子的情况，这些经历让我能够基于现实情景和现有资源去帮助这些孩子。

国内更多是从心理学领域研究这个问题，像北师大的舒华老师、李虹老师，都是从心理学角度研究阅读障碍的认知机制，这些会给我们启发，但是具体怎么在教育实践中落实，需要我们在实践中摸索方法。但目前几乎没有人从特殊教育的角度实践过，原因可能是阅读障碍的诊断非常复杂，比ADHD、孤独症、智力障碍都要复杂，这可能阻碍了人们对这一领域的关注。我也实践十几年了，一直在推进，但离实际需要的程度还有距离。

李：您第一次接触阅读障碍儿童的时候，是什么情况？

张：对第一次没有鲜明印象了，这是一个渐进的过程。刚开始的时候，虽然我们看了很多资料和理论，但是不能确认这些孩子就是学习障碍，因为我们没有系统的评估工具。我在学校开始系统观察的时候，对阅读障碍孩子有了较多的了解，学校也特别配合，我们在孩子一年级入学前，就给他们都做了阅读认知的系列测试，相当于做个筛查，有几个孩子有一些地方落后，我们就开始重点关注他们。我对其中一个孩子印象很深刻，他很聪明，口语表达能力很好，也特别可爱。因为他刚上一年级，学习上的困难还没有对他的情绪行为造成明显影响，但是他语文的测验已经出现了问题，简短的几个字、几句话就有特别多的错别字，我是从书写上发现他可能有问题的，他写字的时候，即使照抄一句话，都会出错。他是我比较早看到的、相对典型的阅读障碍孩子。

李： 对阅读障碍的孩子来说，他后面还会伴随出现什么问题？家长有没有可能在入学之前尽早地干预？

张： 现在国际上不鼓励在学前就诊断阅读障碍。虽然孩子可能会有一些迹象，但我们还是要很慎重。儿童刚入学的阶段，出现的某些学习问题并不是学习障碍特有的。比如，有些教师和家长可能对孩子写反字特别敏感，觉得这是不是孩子阅读或书写障碍的征兆。实际上，在幼儿园和小学一年级，有相当比例孩子会出现这种现象，随着年级的升高，可能自然就消失了。并没有单一的特定指标可以诊断阅读障碍，这也是识别阅读障碍的困难所在。《美国精神疾病诊断与统计手册第五版》（*DSM-V*）中提到，在提供了干预措施的情况下，仍持续存在特定学业技能困难最少6个月，才能做出相应学习障碍的诊断，简单地用某些现象让家长注意，有时会有一些误导。所以，更为重要的早期预防和干预是父母有质量的互动式陪伴阅读，不仅能促进孩子的口语发展、词汇积累，还能提升对阅读的兴趣。

每一个讨厌背后都有原因

李：上学之后，家长如何发现这个问题呢？因为有时候他们确实不理解，很多孩子也都因此而被误解。

张：经常在社交媒体上看到家长陪孩子写作业，精神濒临崩溃，不写作业母慈子孝，一写作业就鸡飞狗跳。这是一个明显的标志，需要引起警觉：为什么孩子一写作业就会有那么大的反应？可能有的家长、老师会说，这是孩子的态度问题，态度不是底层原因。对于没有困难的孩子，写作业不费力气。为什么这个孩子有这么大的反应？他为什么那么讨厌写作业？这特别值得关注。

有一个家长说，他听孩子读课文，应该是"桂花开了"，孩子读好多遍，都是"挂花开了"，家长就很生气，觉得孩子怎么这么粗心呢！"挂"和"桂"的样子很像，语义上也有相关之处，对于阅读障碍的孩子来说，他对这种细节的区分十分困难。这类细节就值得我们追问，每一个讨厌背后都有原因。

比如，很多阅读障碍者也有视知觉加工的缺陷，他们大脑特定的神经通路存在障碍，加工文字视觉信息困难。本来他就不容易记住，你非要让他记，就像我视力不好，看不清东西，你让我看500遍我也看不清。但是家长不理解，他们觉得只要孩子认真看，就能把这个记住，家长不知道背后复杂的加工机制。家长的不理解会造成给孩子辅导作业时，一厢情愿认为孩子就应该这样学，而不是让孩子用符合自己认知规律的方式去学习。家长与其只纠缠于孩子的错误，不如先问问，孩子为什么分不清楚"挂"和"桂"，孩子自己可能就有一些解释，就能帮助你理解他的困难在哪里。

李：如果老师多给他们一些接纳，一些鼓励，孩子可能就会发展成另外一个样子。但是现在很多老师不知道阅读障碍，您觉得应该怎么改变这种现状？

张：我接触的老师很多，北京市所有区的老师我都接触过。有人说老师缺乏爱心，或者疑惑老师为什么不接纳孩子？第一，没有懂得就没有爱，老师也不是圣人，从普通师范专业毕业的老师一般都没有修习过特殊教育课程，他们缺乏专业知识，看不到孩子的特殊问题，也就不太能够根据班里不同孩子的认知特点去设计教学。第二，从普通教育目前的整体趋势看，老师面对的是全班同学，强调的是班级整体，比如听写的时候，全班学生大都能跟得上，总有几个孩子一个字也不写，甚至都不愿意写，老师除了没有专业知识的支持，更没有时间精力去深入了解孩子的问题，缺乏专业支持的深刻理解和懂得，接纳与鼓励更可能流于表面，难以持久。

所以，老师首先需要的是专业支持，很多老师经过一系列的培训后，就有特别大的变化，在教学上有一些弹性调整。比如，听写的时候，老师也会形成策略，比如其他孩子听写，学习障碍的孩子就抄写。只有真正理解了，才能体会到孩子的不容易。没有无缘无故的爱，当你无法解释的时候，就是会觉得很愤怒，老师的受挫感也很重。我们要和老师站在一起，一起学会理解和接纳孩子。

李：我们拍的这几个孩子，有的在学校里受了很深的伤害。因为不懂得，老师很难给他们支持。

张：老师和孩子是类似的，老师也不知道拿这些孩子怎么办。老师可能会说："我带了这么多年都没有遇到过这样的孩子，我用了所有方法，他还是这样。"我们要做的是让老师感同身受，让他理解背后的原因是什么。比如孩子写错字了，老师让孩子对着书看，孩子看半天还是说一样，老师就会觉得很苦恼。老师理解后，他可能就会和孩子一起，把那个字放大，用不同颜色的笔标示出来。我们很难教给老师一些通用策略，因为具体情境不一样，只有老师自己理解以后，才能随着情境产生适应性的策略。

李：如果全国绝大部分老师都能知道阅读障碍是怎么回

事,并且能够真正接触到这样的孩子,他的职业生涯可能会有一个较大的提升。

张: 这也是我们坚持做学校培训的原因,不仅是为了5%~15%的学习障碍孩子,我更想通过特殊孩子的视角,让老师能够提高班级教学的效率。我们现在已经在一些学校尝试开展"教育神经科学视野下的通用教学设计"实践研究。在特殊教育中,"通用设计"最初是指物理环境的设计,比如盲道、坡道,以保证不同特点的人都能无障碍地进到楼里,而不需要别人的帮助。我们把这个概念借鉴到日常教学中,让不同认知特点的孩子都能受益,这是我们希望达到的效果。从普通教育视角看,特殊教育实际上更具前沿性,融合教育就是将特殊教育的理念、方法与普通教育相结合。比如,现在在英语学习中特别流行自然拼读,自然拼读最初就是为了教特殊孩子发展出来的。我希望真正把融合教育做下去,老师有了这样的视角,就有深入了解各类孩子的意愿,这才是融合教育最大的意义,最后每个孩子都能获得高质量的教育。

李: 拍这个片子的过程中,接触了很多阅读障碍的孩子,我也会换一个视角去想,就像您说的一样。

张: 我们要先在脑中画问号,而不是一个叹号。

接纳就是：他可以如他所是

李：我看您心态特别平和，您在面对这些教育现象的时候，有焦虑情绪吗？

张：我有过这种感觉，但可能不是焦虑，而是特别无奈，因为我们能改变的十分有限。我在其他经济相对弱一点的地区遇到了一些家庭，家长没法给予孩子支持，孩子只能获得在学校里面的那一点支持，不足以真正帮助他们。有一个孩子，我印象很深，我们当时做干预，她都四年级了，"眼睛"的"睛"和"晴朗"的"晴"分不清。如果有人了解识字机制的话，可能就会想，她是不是在语义上没能很好地区分开呢？我们就问她："你觉得太阳有眼睛吗？"咱们肯定会觉得，没有孩子会说太阳是有眼睛的，但是这个孩子特别认真地说："有。"然后我们就问她："你为什么觉得太阳有眼睛呢？"她说："要是没有眼睛的话，太阳下山之后，怎么能找到回去的路？"我们当时完全没有想到会是这样一个答案，后来我们找 3 个大小不同的球，给孩子演示太阳、月亮、地球，告诉她太阳去了哪里。四年级的孩子为什么没有这个概念呢？因为在她的家庭环境中，父母从来没有带她去过公园、去过科技馆，她还沉浸在一种非现实的童话情景里。

这种时候我心里就特别复杂，这个孩子需要的是什么呢？有时候我们也特别希望能够给这样的孩子提供更多的资源，他们的这些困难可能会影响到未来的发展。我越来越体会到，焦虑是不管用的，要一点点地去推动。焦虑会让我们想要改变一个孩子，但是你越是想改变他，就越是看不到他，我们并没有真的从孩子的角度出发，没有践行融合教育的理念。所以我希望这种焦虑能被替代成具体的行动，比如能整合哪些资源。

越接触这样的孩子，我越觉得不应只关注这群孩子的障碍，更要从鲜活的、全人的层面看到和理解他们。如果一味用改变思维训练他们，孩子最终会丧失学习的动机。家长、老师用心良苦地干预着，但一段时间之后，可能也会变得沮丧。为什么？孩子不仅这方面没有被纠正过来，反而他还更不爱学了，训练的东西更让他反感了。所以，学业不应该是孤立的，我们要对孩子有全面的理解，要把孩子的情绪动机和学习技能综合在一起。国际上，现在已经有一些给阅读障碍人士看的出版物，它会专门设计间距、字体大小，只有真正理解他们，可能才会愿意做这样的事情。

我接触了很多孩子，有些机构的费用还挺高的，这些家长和孩子真的去花了很多钱、很多时间做训练，我看到的效果很有限。更重要的是孩子能够觉察到自己的优势与劣势，能够有策略地解决困难。比如，长大以后，我可以多利用有声的资源；或者我的思维很灵活，可以提出很多创意。孩子得有自我效能感，而不是一直被训练。

焦虑会促使人总是想马上找到一个方法去改变，但是找的方法很可能是短视的，每一个孩子都有自然生长的过程，静待花开是很有必要的。这里的"静待"并不是说被动地等待就好，而是包含着一个主动且从容的心态，扩大视野，会看到宇宙万物共存于这个世界，每个生命都有它内在的发展节奏和规律。

李： 回到教育问题上，家长们发愁的是孩子考不上高中、大学。对这些阅读障碍的孩子来说，家长和社会几个层次应该怎么办？

张： 更多时候，家长、老师想的是改变、塑造孩子，这不是接纳，我们常说的接纳，只是从过去态度不好，到现在没发脾气，对他说了几句"我相信你能行"之类鼓励的话，这些都是很表面的很廉价的接纳，而不是心里真正的接纳。有时候我们表面理解的和实际做的是两回事，很多人说我了解阅读障碍，其实有谁真正懂得？我说的"懂得"，不是我"知道"。"知道"是偏认知层次的，是"我与他（她）"的关系，"我"是旁观的；"懂得"是带有情感因素的，是"我与你"

的关系,"我"能感同身受。

我并不是一味反对训练,反对直接教孩子认字,而是说一切要基于理解。训练只是一个工具,工具可能是双刃剑,家长先要能在懂得孩子基础上给予支持和帮助,再根据每个孩子的具体情况考虑上高中、大学的问题,才是有意义的。

社会层面的话,应该推进具体的支持政策,做相应的考试调整。例如,初中升高中的考试中,能不能申请有人读题呢?作文可以是口述吗?要在特殊教育法规中把学习障碍加进去,让社会上对阅读障碍有更多的理解,让更多人有可能接受这个政策。让盲生用盲文考盲文试卷,大家并没有觉得不公平,其实就在于社会共识能否达成。

减少不利因素,更多发掘孩子的长处

李:这个群体常被大家误解,您怎么看待这个问题?

张:这个群体常常被污名化,我确实遇到得太多了,老师可能会说"这孩子没救了!"家长可能就是"打也打了,骂也骂了"的无奈状态。

智力障碍、孤独症等都有很明显的外部表现,很容易被人注意到。阅读障碍孩子太可怜了,他们的表现不是特异性的，更多时候，父母和老师会觉得他们是故意的。特别是伴随有ADHD的孩子，他们有冲动的特点，容易跟别人发生冲突，影响人际关系，这就可能造成恶性循环。我们大人都太匆忙了，不太有时间听一听他们的想法。

这些孩子自己也不知道为什么总是记不住，他们不知道自己的大脑神经运作模式和别人不一样，他就觉得别人都能做到，为什么就我不行？孩子也可能会自我污名化。

李： 您有没有接触过比较积极的案例呢？

张： 在北京市西城区我们发现一个一年级孩子有阅读障碍，几位支持老师和普通老师在他们学校形成了一个团队，一起帮助他。干预1~2年之后，我们和其他老师去听他的课，老师让他回答问题，他站起来朗读，听课老师没感觉出来他有阅读障碍。其实也不是说阅读障碍消失了，而是他在保证学习热情的同时，形成了一些自己的策略。他的家长和老师也一直保持密切的沟通，他的焦虑感也没有那么重。我觉得更主要的是她对阅读还有兴趣，很多小孩根本不愿意看书，这个孩子到后面可能会更好一些，但还要长久地去观察。

李： 关于阅读障碍孩子未来的道路，有相关的研究吗？

张: 国内这方面的研究数据还很少。从整体上来看,阅读障碍者有很大可能会并发其他障碍,如果没有得到及时有效的支持,这些孩子辍学或者未来失业的风险会高于普通群体。

文字对我们来说有正面影响,其实也有负面影响,阅读障碍人群反而不被文字限制,可能会有更深层的加工思考,有更广阔的思考空间,反而容易不走寻常路。所以,我们也能看到很多非常成功的阅读障碍人士,比如爱迪生、乔布斯、迈克尔·乔丹。

如果能把不利的因素尽可能减少,更多地发掘这些孩子的长处,他们甚至比一般人有更多的机会,但是如果没有相关的支持系统,这些不利因素就会发挥影响,阅读障碍人群的未来可能就不那么理想。歌手萧敬腾也患有阅读障碍,他也录制过很多节目去介绍阅读障碍。汤姆·克鲁斯在美国资助了很多阅读障碍的协会,因为他自己也是阅读障碍。他们小时候上学很艰难,但是在他们擅长的领域,他们都光芒四射。萧敬腾说:"如果不是因为遇到音乐,并且有对我很好的师傅,我可能也就变成街头青年了。"对于阅读障碍的孩子来说,挖掘他们的长处特别关键。例如,有的孩子可能在人际交往方面比较擅长,让孩子参加一些社团,也许孩子能在那里找到自信,找到非常舒服的状态。

肆

再见，笨小孩

2023 年 3~4 月，
我们对 3 个孩子以及他们的父母，
再次进行了一次采访。
我们想知道，这么些年过去了，孩子们发展得如何了？
是否看到了自己身上的困境，
找到了能够突破这些困境的方法？
是否了解了自己的优势，并找到了未来的方向？

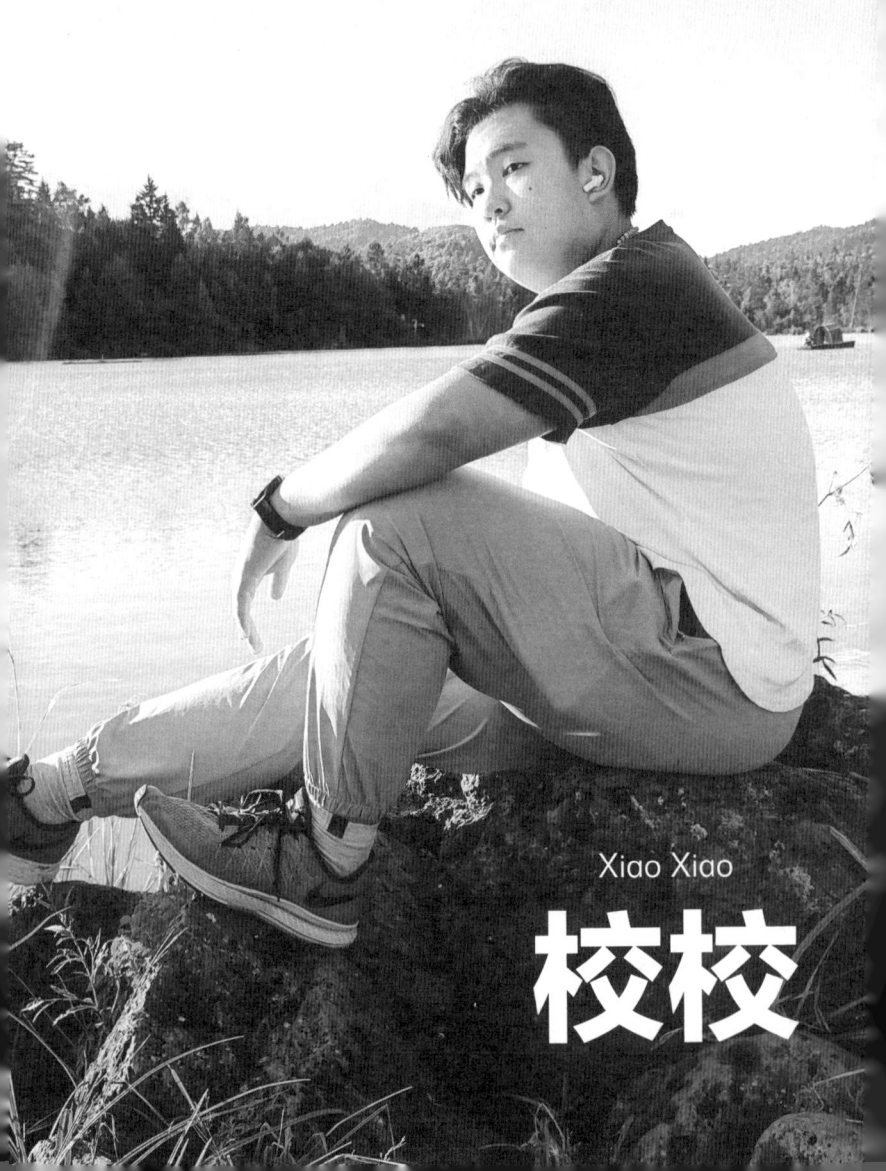

再见，笨小孩

Xiao Xiao

校校

校校

校校初中就读于北京交通大学附属中学,在忙碌的学习间隙,接受了编者的访谈。采访结束后两个多月,他通过了北京农业职业学院的五年一贯制自主招生考试,被现代农业装备应用技术专业录取。

"我喜欢无拘无束的生活"

——校校

肆　再见，笨小孩

访谈时间：
2023 年 3 月 2 日，初中三年级。

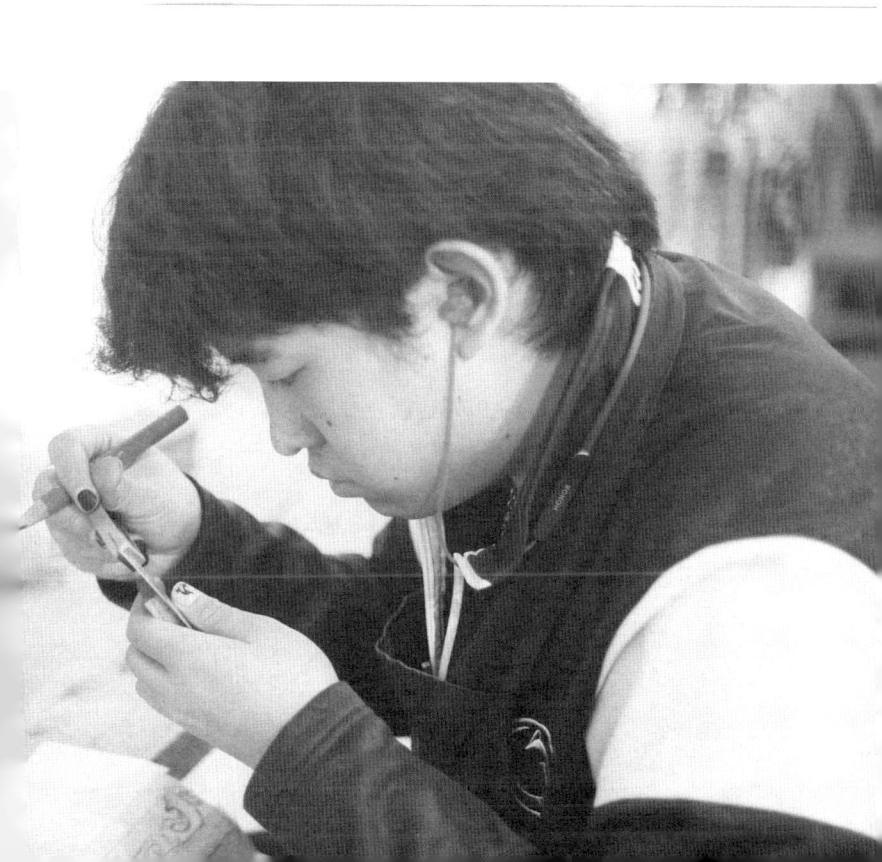

樊启鹏（以下简称樊）：和以前相比，你现在对阅读的态度有什么变化？你平时喜欢看书吗？喜欢看什么类型的书？为什么？

校校：和以前相比，我感觉阅读变简单了，看得比以前快一些。因为随着年龄的增长，我的自控力在提升。我一般不看那种长篇大论的全文字书籍，我比较喜欢看漫画类的书，因为比较好读且有意思。

樊：你怎么评价现在的学校生活？你觉得现在的学业难吗？有没有特别喜欢或擅长的学科？你是否觉得语文、英语还是很难？

校校：我觉得自己现在的学校生活挺好的，我认识了很多新同学，校园生活也是非常愉快和开心的。我现在初三，学业的难度对于我来说不是非常大。我的语文成绩还行，但英语这门课对于现在的我来说依然有难度，因为好久没背单词了。目前来说，对其他科目还没有影响。

樊：你现在和父母、老师、同学的关系如何？《我不是笨小孩》这部纪录片播出后，有没有对你的生活造成影响？如果有，是什么样的影响？

校校：我现在和妈妈比较亲近，和爸爸的关系也还行。

至于和老师、同学的关系，我很喜欢我的老师们和同学们，交到了很多的好朋友，但是也有不喜欢的同学。

《我不是笨小孩》这部纪录片播出之后对我还是有一点点影响的，我感觉全世界的人好像都看过这部片子似的，但是其实也没什么太大的影响，一切都还挺正常的。

樊：你未来有什么计划？你的计划和父母对你的计划是否一致？你想学什么专业、去哪个学校、从事什么职业？你为这些计划做了什么准备？

校校：关于未来，我喜欢无拘无束的生活，所以想开小卖部，或是去山里面干些自己喜欢的事情，具体的我还没有想好。我的计划和我爸爸妈妈对我的计划大部分是一致的，但是他们的计划和我自己想的也有一点出入。我自己比较想学中国非物质文化遗产的相关专业，因为我非常想帮助他们传承下去。但是具体去哪个学校目前还没想好，未来从事考古工作或者是其他的都行，打算先考好中考。

樊：你觉得自己最大的优点和优势是什么？最近几年，你觉得自己最大的变化是什么，有没有原来做不好，如今却能胜任的事情？

校校：我觉得我这个人比较耐骂、抗压，大部分时候都能虚心接受批评。最近这些年感觉自己最大的变化是变得成熟了，比之前稳重了许多。我现在的英语成绩比以前差了点，但是我觉得大部分事情我自己都能胜任，就算不能胜任的事情，我也愿意去尝试。

樊： 回首自己的成长旅程，对同有阅读障碍的小朋友们，你有没有什么建议？对他们的家长和老师有什么建议？

校校： 对于同有阅读障碍的小朋友们，我是不敢提什么建议的。我只是觉得家长要多给孩子一些自由空间，带着小朋友多出去玩一玩，父母自己也多出去散散心，不要因为这件事情有太多的压力。

"带着问题正常地生活"

——校校妈妈

访谈时间：

2023 年 4 月 3 日，校校初中三年级。

李瑞华（以下简称李）： 从《我不是笨小孩》播出到现在已经有两三年了，您觉得这几年校校的变化和成长体现在哪些方面？

校校妈妈： 我们把阅读障碍忽略了，不再强调这个概念，放开它，过正常的生活。随着年龄的增长，孩子的阅读和写字能力都有提高，这是我们在中文环境下的一种正常趋势，所以我也不再苦恼他会不会写字的问题了。校校在阅读方面肯定要比别人慢。考试做题的时候，像数学后三道大题，他基本没时间做，顶多能做完第一道大题。但是这些都被我们忽略掉了，他就正常地生活成长。从一个孩子的角度来说，他进入了青春期，开始出现自我意识增强的表现，他喜欢跟父母顶着干，不喜欢父母安排的事情，凡事都要自己做主，按自己的想法去做，我认为这是一个正常的发展趋势，而且我们亲子关系也不错。

李： 我们当时在拍摄的时候，校校写作业经常磨蹭，现在在学习方面，他有什么变化吗？

校校妈妈： 作业从五、六年级开始我就放手了，到中学以后我基本上就不管了。我的要求就是老师别找我。在我们家还是把完成作业当作最基本的一项任务，这是你最基本的职责，作为一个学生，你要完成作业。我从旁观的角度来看，老师对他的作业要求是非常宽松的，给了他很多支持。他们有晚自习，晚自习的时候校校基本上能把大部分作业写完，回家的时候再稍微写一点。整体来说，我认为他跟自己比是有很大进步的，至少认字是没有问题的，读错一两个字也没有太大的关系，他写字比别人慢，但是也是会写字的，也写得挺好。跟同龄人比肯定还有差距，但是跟他自己比就还好，因为我们已经完全"去阅读障碍化"了，不再特意去关注阅读障碍这件事情，就正常生活、学习。

李：初中3年真是太快了，你们这3年是怎样的一种状态，有什么目标？

校校妈妈：初一的时候我们全家都信心满满，我们要努力冲击中考，以考上高中为目标。那会儿成绩很好，报了好多网课。初一的时候，校校在学校非常刻苦，老师的反映都是这个孩子很努力。他跟着大部队在学，课间找老师问问题，和同学讨论问题也都很积极，这是我们初一的状态。他初中成绩比小学差，小学能到七八十分，到初中的时候就五六十分了，但是基本上也都能及格，所以就是一直怀抱着努力的想法。我觉得校校能取得这个成绩已经很不容易了，但是班里其他同学不怎么用功照样考接近满分，打球啊、玩啊都不耽误。而且到初中以后理科好多内容都与数学相关，所以在这个过程中，我觉得校校也受到了一定的打击。

初二的时候他就有些懈怠，感觉就是我再怎么努力也就这样了，我能感觉到虽然他嘴上不说，但是明显那个劲儿不是很足了。这个时候我也在思考，我感觉这个样子不行。因为到初二的时候，很多孩子出现了一定的心理问题。校校虽然没到这个地步，但是我不能等他出现问题再补救。当时刚好我朋友的孩子学习成绩也是不太好，他们在考虑职高和中职，告诉我现在基本上职高都跟高校连在一起，就是所谓的"3+2"、五年一贯制教育或七年一贯制教育，我觉得这也是一条好的出路。因为周围人都说读书、写字不是校校的长项，但是动手能力、人际交往等方面都是他的长项，所以我开始着重关注高职类学校的相关信息。整个初二这一年，校校的学习状态都不是很好，学习成绩还在下滑，将近一半的科目不及格，但是他的生活还是很快乐的。在这种状态下我就及时给他调整了策略，我跟他说我们也可以考虑一个中专技校。他一开始不太接受，他说："妈妈我还是要考高中的，因为周围人的观念就是我不上高中不对，我不好好学习不对，虽然我有很多客观原因，我成绩也不好，但是好好学习就是我应该去做的事情。"这些观念已经深深刻到他心里了。所以在初二的时候他还是想考高中，我也没有太打击他，我说："那咱们努力，但是咱们总得有一个备选方案，对不对？"这个他也接受。到初二下学期结束的时候，我心里已经基本打定主意，就是要走贯通的职业教育，但是校校还在挣扎。

上初三以后他也逐渐意识到了问题所在，老师会讲去年的中考分数线是多少，他一看他的成绩差远了，自己根本不可能考上高中。这个时候我就跟他说："我们就走贯通职业教育，作为一个有阅读障碍的孩子，考试是不占优势的，我们要尽量避免考试，尽量通过面试或者其他方式。"所以我带他去看了各种学校，让他亲身感受一下，挑选一些专业，然后准备先冲一波。校校的成绩也让他自己清楚地意识到，他肯定达不到高中录取线，再加上这么长时间慢慢地影响，对于职高的概念，他也能接受了，我们现在大概就是这个状况。

李： 刚才聊的时候，我觉得你说的一句话特别好，您说校校他还是很快乐的，我自己觉得，不管在什么样的阶段，你们都有底气特别快乐地生活。

校校妈妈： 也没有什么，它是个习惯。我们已经从小学就习惯了，周一到周五学习，周六、周日要出去放松一下，就别再加码了，因为没有意义。他上初中是大孩子了，他更需要接触社会，我就尽量让他参加各种社会性活动。我们不是纯粹出去玩，他在"长城小站"一直做公益。他的长处就是在社会中发掘自己的优势，那我就要带他去"实地教学"，也缓解学习压力，开阔视野。底气是什么呢？底气是我知道他已经努力了，他的优势在哪里。我已经没有那种"铁杵磨成针"的想法了，你再磨；针就折了，可以了，不磨了。所以整个初中三年也没有什么底气，就是一个习惯，我们一直是这样生活，延续我们的生活方式。

李： 刚才说了很多细节内容，从长远来看，你是怎么规划未来的？

校校妈妈： 校校现在毕竟才十四五岁，让我规划他的职业方向是不太现实的，但是生活逼迫我一定要让他现在选择。大多数孩子都在高三的时候进行选择，但我们初三的时候就要有职业方向。你也了解校校，他是一个很独立的孩子，他有自己的想法，所以这些事情我们都是引导他。比如我们现在选专业，我跟他讲，妈妈考虑的方向是什么？首先，它得是个手艺，它不会迅速地被人工智能替代；其次，未来在你的有生之年它能养活你。我们给他的引导他是接受的，同时他对我们没有那么大的抵触心理，我们的亲子关系还不错，所以只要注意讲话的方式方法，我们跟他说的内容他是能接受的。

关于未来做什么工作，我们当然有期待。但是，我不想过早地把期待加在他身上，这些对他来说没有意义，他自己只需要想好下一步怎么做就行。在这个过程中我希望他能够有自己的想法，因为让他在十四五岁的年纪就立定一生的目标，这不是大多数人能做到的。可能有些孩子从小就有很执着的想法，但是大多数孩子在十四五岁的时候还是迷茫的。作为父母，我要给他设定的大方向就是要有一项技能，不管是修车也好，做饭也好，这一项技能是能让他吃饱饭的。其余的事情需要他自己考虑，那是他的人生。我希望在高职的这段时间，校校对他所选的这个方向是喜欢的、热爱的，能一直走下去。

李： 这个片子播出之后对你的生活有没有造成影响？

校校妈妈： 肯定是有影响的，我现在成了"有名"的人物了。我周末带着我妈出去玩的时候，都被认出来了，我以后出去得注意"公众形象"了,说不定就被认出来了。片子播出以后,老师对校校更关爱,很多朋友打电话来安慰我。网上的曲解也是肯定有的,那是很正常的。之前看弹幕,很多人因为没有孩子,所以他们就觉得,这个妈怎么这样?那大部分养过孩子的人都能理解。所以我觉得整体来说,片子播出以后对我都是积极正向的影响,没什么不好的影响。反对是他们的自由,每个人都有自己的解读。

李: 最近这些年你觉得自己最大的变化是什么?

校校妈妈: 心理方面越来越成熟了,通过养这个孩子,通过阅读障碍,我对整个人生也有了一些新的领悟,更完整了。所有的母亲在养育孩子的过程中都会遇到问题,只是我遇到的是阅读障碍,别的人可能遇到是其他的问题。另外自信心变得更强,更勇敢,对于将来生活中要面对的很多问题也能更从容地面对。

李: 如果让你现在给阅读障碍儿童的家长一些建议,你想说什么?

校校妈妈: 还是我一直的观点,去阅读障碍化。阅读障碍只是你孩子身上的一个特质,跟五音不全或者是运动协调能力不好是一样的，不要想办法去消灭它，不要想办法把孩子变正常，正常的标准是什么呢？没有。所以就是要带着阅读障碍，带着我们孩子的这个问题正常地生活。我们遇到困难，就解决困难。在孩子整个成长阶段里，让他不要因为这件事情有过多的自卑心理，在整个养育过程中，避免让阅读障碍产生其他的伤害。

群晓

纪录片《我不是笨小孩》完成和播出后，群晓一直自觉降低纪录片对自己生活带来的影响，他自己没有看片子，也从不去关注网络评论。2020年秋天，他从开封贞元学校小学部升入初中部。2023年年初，纪录片导演、本书编者又联系他，请他为本书读者介绍一下近况。2023年4月2日，群晓接受了编者的书面采访，采访内容全部由群晓自己写作完成，为了让读者了解群晓现在的情况，下文保留了群晓文字的原貌，编者未加任何改动。

群晓

Qun Xiao

再见，笨小孩

> **不要让环境定义你**

——群晓

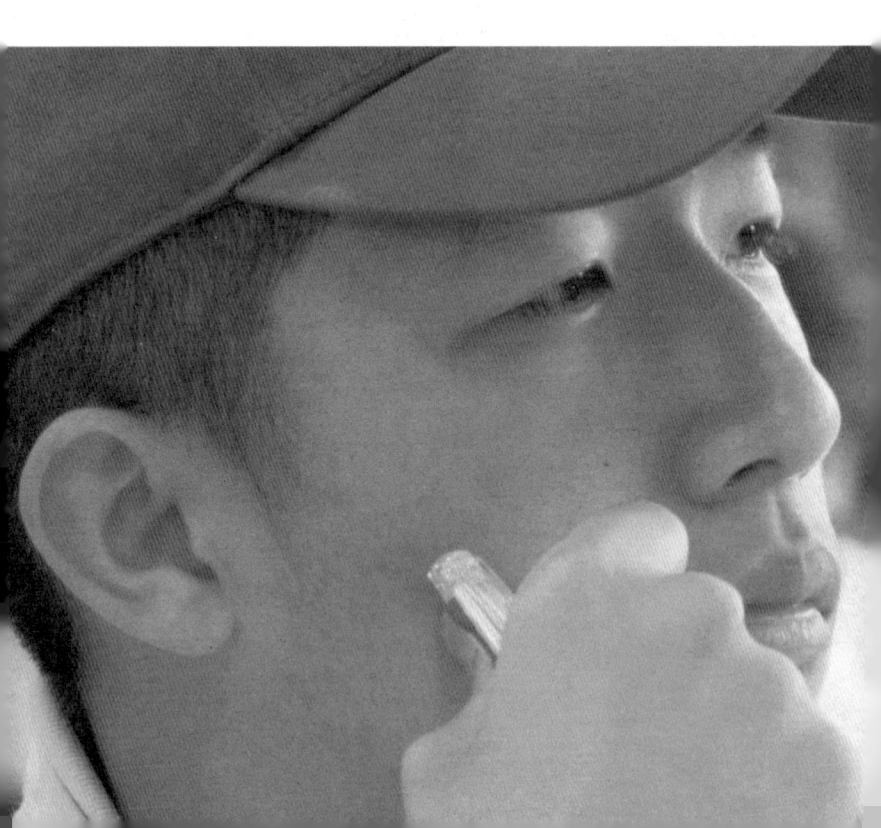

肆 再见，笨小孩 / 255

访谈时间：
2023年4月2日，初中三年级。

樊：关于阅读，和以前相比，现在对阅读的态度有什么变化？为什么？平时喜欢看书吗？喜欢看什么类型的书？为什么？

群：过去，我对阅读更多是出于兴趣——这种兴趣可能是有特定指向的，比如我对趣味性强或有传奇色彩风格的书籍比较钟爱。我需要感谢我的学校对我阅读兴趣的鼓励与培养。现在，我对阅读的态度，在单纯兴趣的基础上增加了"人为"的因素，"人为"两个字合起来就是"伪"，我在阅读上开始有一些"功利"的考量，而不仅仅源于兴趣。从阅读中获得的快乐不再是最根本的、唯一的目标，"自在不成人，成人不自在"。

我享受看书，看书是最能让我在焦虑中平静下来、在萎靡时兴奋起来的事情。出于"功利"的动机，我对讲述理论根源的书籍更感兴趣。我看一本书，希望那本书一定是全面的，一定是有根本性思想内涵的。知识有人工智能就够了，人的思想是人工智能暂时不能替代的，哲学是人工智能永远无法替代的。

樊：关于学校生活，你怎么评价现在的学校生活？觉得现在的学业难吗？有没有特别喜欢和擅长的学科？是否还是觉得语文、英语很难？对其他学科有没有影响？

群：就学校生活而言，我觉得很不错。可能现在我最大的"敌人"就是早上与中午起床时如何克服被子的压力了。

学业难不难就要看如何理解了，对于学业，我可能有了一些态度上的转变：学业不是人生第一等事。王阳明说人生第一等事是做圣人，我不敢想，但毫无疑问的是，对我来说人生第一等事是真正安顿我的内心。不过，这与学业似乎并不冲突。出于兴趣和功利的需求，我的学科水平（如果以考试或作业作为评判标准的话）只能够让我上高中，但是这就够了。

我可能物理、数学等学科学得好一点，语文、英语等学科对我来说难一点，但这又有什么关系呢？得之是我幸，安之是我命，因为有些东西比语文、数学更加重要，而这东西的获得仅仅依靠课本与考试是绝对不够的，不过语文和英语的劣势并未对我其他学科的学习造成影响，更没有影响语文和英语的课堂学习。

樊：关于家庭关系和社会关系，现在跟父母的关系如何？师生关系和同学关系呢？

群：我对现在的家庭关系十分满意，我从不渴望出生在所谓豪门世家、特权阶级、世界首富、高官学究般的家庭，只要能够满足基本的物质生活即可，何必过多奢求，徒增烦恼？家庭不由我来决定，来到了这个家庭，我与家庭成员互动，组成了这个家庭，或许家庭里的每个人都有属于他自己的缺陷与缺点，但是那依托血脉而存在、由经验而塑造的家庭关系却是完美的。

我在学校的师生关系与同学关系不错，君子之交淡如水，无论是与老师还是与同学，在保持身份立场的基础上，我们都有着情感和关系的连接，有着对彼此的关注与帮助，我可能与有的老师和同学接触多一些，有的少一些，但这并不影响学校的生活。

樊：《我不是笨小孩》这部纪录片播出后，有没有对你的生活造成影响？如果有，是什么样的影响？

群：说起纪录片，我十分清楚地记得，在我五年级的一个周日上午，那天天气晴朗，妈妈问我要不要拍纪录片？我第一选择是毫不犹豫地拒绝。那个时候，我预想纪录片播出后，外界对我、我对自己的评价都会产生极大的影响。但出于某些因素的考虑，我还是参与了纪录片的拍摄，但我选择在纪录片播出后，尽量减少与它的接触，尽量使我的生活与纪录片隔离，我做到了。好了，从这部纪录片播出起到现在（2023年4月2日10点18分），我一次都没看过它，几乎将纪录片可能对我的影响降到了极致。可以猜测网上可能有流言蜚语，但只要我不理它就影响不到我，并且我相信流言蜚语会随着时间被遗忘直至消失。

樊：关于理想与未来规划，未来有什么计划？你的计划和父母对你的计划是否一致？你想学什么专业？去哪个学校？想从事什么职业？你为这些计划做了什么准备？

群：在三年前，我对未来的计划或许是挣钱。我讨厌那人心浮躁的社会，讨厌功利主义横行。而如今我对未来的计划可能只是寻找我命中注定的"任务"。我非常确信父母一定会支持我的计划。

我尚不清楚我未来可能会做什么，也许是从事心理学相关的职业，也许从事哲学、社会学、经济学、政治学，或是物理、数学相关的职业，也有可能只是一个吃开口饭的人，甚至是去大街上清扫垃圾……但这并不影响我是一个热爱学习的生命。我十分佩服我父亲，在如今这个时代可以依旧保持极大的学习热情，以及我母亲能够在拿固定工资的情况下，对工作抱有以极大的热情。这使我认识到或许只要对职业脱离功利目标，持续学习和进步，每一个职业都可以是最棒的。

樊： 关于自我认知，你觉得自己最大的优点和优势是什么？最近这些年，觉得自己最大的变化是什么？有没有原来做不好，如今却能胜任的事情？

群： 自我认知能力极度不足……

樊： 回首自己的成长旅程，对同为阅读障碍的小朋友们，你有没有什么建议？对他们的家长和老师分别有什么建议？

群： 小朋友们、家长们和老师们好！回顾我短暂而缺乏参考意义与价值的成长历程，对阅读障碍，我有以下几条建议：

第一，要有突破阅读障碍的决心。因为突破阅读障碍，理论上可以实现，实际中也存在，更多取决于人为因素。老师的宽容与家长的鼓励都十分重要，鼓励并非指的是对突破阅读障碍的鼓励，而是对小朋友们生命的鼓励。没有突破阅读障碍的决心源自于信心的缺乏，而没有信心是受到环境的影响。相对阅读障碍本身，更大的影响是阅读障碍可能引发与导致的生命上的困顿，不能舍本逐末。在生活与学习中，来自家人和老师对小朋友们生命的关怀，会给予他们源自内心的力量去突破阅读障碍，也会对小朋友们的生命起正面的影响。这是十分重要的，或许也可能是最重要的。另外，我其实并不建议，用"阅读障碍"这个名词对人本身进行定义，就如心理医生不会轻易给人贴标签一样，可能对阅读障碍本身的沉重感也是面对阅读时最大的疾病。人最大的问题永远都是安顿好自己的内心，而内心认为自己有阅读障碍，自己否定了自己的可能性才是真正的问题。

第二，要多读书，读不了就去听书，不追求多么高级、多么难的书，我们可以只遵循兴趣，只追求读书的量即可，即使无法突破阅读障碍，听书所带来的收获也是可观的。而且从我的经验而言，听书应当能对突破阅读障碍起关键性作用。我想强调的是，听书的量要上去，以量变突破质变，同时听书也会给予你战胜阅读障碍的信心。

第三，听了那么多，说了那么多，不得随便写点东西吗？不要对听说读写畏惧与厌烦，想说什么就去说什么，想写什么就去写什么，先迈出第一步。量可以少，慢慢增加嘛，习惯养成起来，每天多一个字，问题就解决了。重要的不是跟其他人比，而是对自己来说有进步，速度慢一点，没什么关系，人生不是一场赛跑而是一场旅行，若是仅因片刻的失败，对整个人生心灰意冷，不应该、也不值得。

第四，请忘记世界上有一种叫作阅读障碍的东西吧！不要被环境所标记，不要让环境定义你，也不要去定义自己和任何孩子。活着就要活出精彩，即使阅读障碍无法突破，那又如何？人生是一场旅途，有无数种可能、有无数种选择，或许去做运动员，或许去做画家，或许去做音乐家，都是非常棒的选择。选择兴趣和爱好与天赋合并的道路，走出璀璨的生命才是最好的选择。

> **"知行合一,并坚守"**
>
> ——群晓爸爸

访谈时间：
2023 年 3 月 10 日，群晓初中三年级。

樊启鹏（以下简称樊）： 很多观众对群晓印象深刻，也很关心他的近况，请问纪录片（《我不是笨小孩》）播出后，新近这几年他最大的变化有哪些？

群晓爸爸： 群晓的变化肯定是全方位的，我感受比较强烈一点是他在德性方面的发展，这一点甚至是突破我先前认知的，原来希望他能阳光、有爱心，但是没想到他能达到这种高度和强度，超出我的想象和期待。他对周围的人与物充满仁爱之心，没有任何意图地去帮助别人，即使有些被帮助的人不理解，他都完全不在乎，他是班委会的发起人之一，他会自觉地去化解周围人的矛盾，主动创造机会推动问题的解决，而且效果非常好。在期末互评中，同学们提到他三点——爱、领导力和创造力。

樊： 他现在心理状态怎么样？还绷得很紧吗？笑容多不多？

群晓爸爸： 他现在 50% 的常态是笑容常挂在脸上，另外 50% 是严肃思考、沉思。片子里边看到的那种纠结、冲突、悲伤，现在基本上是看不到了。你说内心里边会不会还隐藏着一些？我不认为他原来身上存在的一些底层的东西会完全消失，这不现实。青春期能量很强，这是另一次塑造自己的关键期，希望那些情绪未来能够从他的生命里溜走。

樊：学习上，他现在压力大吗？

群晓爸爸：他对很多学科有兴趣，甚至是热爱，会无边界地去探索，他有很强的自驱力，这是他这些年一个更大的变化，比刚才提到的笑容、快乐还更为明显。一方面，他愿意去探究数学、物理、化学，去探究本质的、前沿领域的一些东西，例如初二学到光学的时候，他就会自己了解波粒二象性；学到电和力的时候，他会去找麦克斯韦方程、拉格朗日变换等。他的知识范围已经超出了教科书，没有边界的约束和限制，他愿意去探索，会在视频网站、B站上找视频学习，包括一些大学课程、高中课程。另外一个方面，他对社会学、政治学包括哲学也有兴趣，他读过《资本论》和《国富论》，他也听阳明心学的一些内容，整合完这些知识之后，通过文字和演讲输出。最后这一点是我最愿意多关注的，他对音乐等一些感性的东西也有一定的兴趣，并且投入了一定的时间，这是令我欣喜的一点。在他的生命气质里边，理性的思维要强一些，情感的、艺术的表现稍微少一些，或者是他内心有感悟，但是表达不出来，他现在反复听音乐、看电影，明显有变化。要是从考试的角度看，他一定是偏科的，甚至还会有一些薄弱的科目；如果要是从探索的兴趣点看，偏的就会比较少。可能体育运动上稍显投入不够，算是薄弱一些。

樊：读写这方面他有什么明显变化吗？

群晓爸爸：其实在拍完片子后很短的时间，中文阅读对他来说已经不成为问题了。他之所以能有那么广泛的兴趣爱好，很大一部分是依赖于阅读的，音视频有一些，但不会有那么大的比重。英文阅读上也有一些突破，但是在写上，如果仔细观察还是有一些问题，不细观察会觉得没问题，至少汉语写作方面是突破了。可能主要在于阅读和写作的精确性方面，漏个字还是有可能的，但是完全不影响他对意思的理解。他可以借助语音输入的方式，快速地完成书写。写几千字的文章，对他来说已经很正常了。

樊：群晓马上要上高中了，关于他的未来，您和他妈妈有什么计划？

群晓爸爸：坦率地说，我们没有太长远的计划。我们希望他在贞元学校继续读高中，这种教育环境很适合他的发展。在这里度过3年后，后面希望继续在这里进一步巩固，进一步发展。关于未来的职业方向，我们没有明确地探讨过，也没有深入去思考，我觉得没有必要过早地打上一些标签，因为他还是处于剧烈的变化过程中。无论是基础理论研究，还是社会、政治、经济等方面，他都是有一定兴趣爱好的，或许这些领域都可能成为他未来的方向。无论是什么方向，一些基础的东西总是需要的，比如情感的能力、理性的思维、对社会的关注，我觉得这些东西都应该继续去发展。

樊： 你们的亲子关系有什么变化？

群晓爸爸： 我们的关系一直比较融洽。一方面来自我的接纳认可，另一方面，他也接纳我们，接纳周围的人。我们有深层的情感联结，他愿意在遇见一些困惑的时候，坦率地跟我们探讨。因为初中生跟异性交往会有萌动，他在这方面似乎无感，他就和我讨论。这个年龄段也开始关注生命的价值与意义，还有一些人生的困惑，我们都会开诚布公地探讨。我们相处的时间不一定很多，彼此都忙着，但是不影响我们的关系。去年因为一些原因不能每天都回家，今年基本每天都回。我一点也不担心他和我的关系，他愿意和我探讨所有问题，我说你做什么我都会去支持你，只有你触犯一些底线的时候，我会跟你探讨边界。

樊： 您觉得群晓发生这么大变化，最大的原因是什么？

群晓爸爸： 我认为是生命的神奇，另外，家庭成员的生命状态可能对他会有比较大的影响。主要原因，我只能归结于生命的神奇，或者生命的力量。

樊： 纪录片播出之后，有没有给你们生活带来影响？

群晓爸爸： 坦率地讲，基本没有。

樊： 您能给其他家长一些建议吗？

群晓爸爸： 在不同的阶段，建议应该是有比较大的差别的，应该跟孩子生命成长的时间顺序有点关系。第一点就是接纳，甚至是欣赏，这一点我觉得是最为重要的，一定要接纳孩子，欣赏孩子身上的独特性，少一点纠结，少一点焦虑。其实这一点不只是对阅读障碍的孩子，应该是对所有的孩子都很重要，只是在阅读障碍的孩子身上，这一点会更为迫切。第二点，要匹配他的特点，给他合适的生长环境，至少是匹配他某个阶段的特点。不同的阶段，他所需要的东西、最适合他的东西应该是不一样的，环境要符合他的生命发展的规律和节奏，有这样的一个环境来跟他互动。这点应该说是挺有挑战的，什么样的环境是适合的？能否找到这样和他互动的环境？这些判断和选择其实是很复杂的。第三点，家长自身要有相对强大的生命力，认为正确的东西要坚守，不被外界短期的一些东西干扰，不能今天觉得这样，应该调整一下，明天觉得那样，又再调整一下，孩子内心的秩序也可能会被我们所打乱。认清了，认定了，要持之以恒持续做下去。第三点比较难做到,我们的身边有这样的人,你说的都懂,但是就是做不到,或者今天能做到,但是明天做不到,没办法一直做到。应该知行合一,并坚守。

再见，笨小孩

若

Ruo Xi

汐

若汐

采访人：
樊启鹏、李瑞华、王羽，以下简称导。

2021年秋，若汐升入廊坊的一所初中。初中的课程更多，作业不比小学时候少，若汐一直背负着巨大的压力。2023年春节过后，家人和她一起商量，转到天津一所中学。在她转学一个月后，我们通过腾讯会议，进行了一次线上访谈。

"找到自己的位置"

——若汐

访谈时间:

2023 年 3 月 3 日,初中二年级。

导： 若汐，你能介绍一下你平时喜欢看什么书吗？

若汐： 我现在没有什么喜欢看的书，一般是学校让我们看的名著。

导： 你觉得读起来吃力吗？

若汐： 有一点点，但跟以前相比没有那么吃力了。之前我可能读第一遍是读不懂的，默读也读不了，现在我可以默读，也读得懂，还可以在书上做标记了。

导： 速度上能跟得上老师的进度吗？

若汐： 跟不上老师的进度，我只能用其他时间去读，可能要比别人慢好几倍。

导： 你有没有享受到阅读的乐趣？比如茶饭不思，必须得把这本书看完。

若汐： 这样的经历很少，但我还是感受到了阅读的一点乐趣。我之前读过林良的书，他的书就很有爱。

导： 现在写作业时间长吗？

若汐： 到天津以后，晚上 10 点半或是 11 点的时候，差不多可以写完作业。

导： 初中生活和小学有什么不一样？

若汐： 小学一般下午四五点就下课了，初中有时间上的差异，课程也比以前多了好几门，还会多加一节晚自习。

导： 你每天在学校的时间是几点到几点？

若汐： 从早上7：20，到晚上6：40。

导： 你有感觉到压力吗？

若汐： 压力肯定是有的。

导： 主要来自什么方面？

若汐： 背诵、成绩等方面。

导： 你有没有特别喜欢或者擅长的学科？

若汐： 历史、语文和英语。虽然我文科成绩比较好，但是我觉得理科也很有意思，还是想把精力往理科这边平均一点。

导： 是有意识挑战自己吗？

若汐： 对的。

导： 你现在还觉得语文和英语难吗？

若汐： 语文有点难，主要是背诵，英语还好。

导： 作文怎么样？

若汐： 写作文不吃力，800字完全没问题。但语文的基础生字还是有困难，基础有待提高，最难的地方还是出现在文言文阅读。

导： 你和同学之间的关系怎么样？

若汐： 同学关系也有很大的改变。之前那边都是文文静静的小姑娘，这边的同学就是"社牛"，很开朗，我们都相处得很好。

导： 有没有交到新朋友？

若汐： 有。

导： 老师了解你的具体情况吗？

若汐： 在开学前班主任就已经找我妈妈了解过了，开学后老师找我聊过。班主任很好，她是语文老师。我记得有一天中午自习的时候，她盯午自习，我因为不舒服准备回家，她就悄悄地到我身边来，在我耳边悄悄地告诉我一会儿要准备默写什么,她没有告诉其他同学。

导: 你妈妈现在还盯着你学习吗?

若汐: 我自己管自己。她其实没有再像纪录片中那样了,只是当我写得慢的时候,她还是会发火。数学题我妈妈不管,因为她不会。

导: 若汐,很多有阅读障碍的小朋友比你小,可能还在经历你的过去,你能给他们一些建议吗?

若汐: 我的建议是,如果字词不好就去练字词。我从四年级开始,通过早读去努力练字词,要加强记忆。阅读障碍的孩子基础不好,语文的词汇、古诗、英语单词,要比普通的孩子付出好几倍的努力。早晨早起一会儿,即使再困,也要把字词弄明白。

导: 你感觉这种做法是有效的吗?

若汐: 对的,早读是非常有效的,因为"一日之计在于晨",这是非常重要的。

导: 很多阅读障碍的孩子,可能会有点畏难。遇到困难还要坚持去学字词、去重复练习,很多小孩都做不到,你能给大家说说你是怎么做到的?

若汐：能坚持也是需要有人支持的，要是我自己，我可能也做不到。

导：是妈妈支持你吗?

若汐：我是听我妈妈说的，那时候姐姐上高一，我妈妈看到姐姐的老师早上5点多就在群里发图片，她就说："要不你也和姐姐一样，早起练习？"我有的时候也起不来，真的很费劲，不管睡多长时间，都觉得困。

导：你对家长和老师有什么建议？

若汐：我对老师建议很多。我们班上还有两位同学，是从山东和河南转来的，他们的老师也挺严格。我希望老师们对我这样的孩子，能善解人意一些，能够多鼓励我们一点。我在廊坊的语文老师非常好，但英语老师就非常严格，总是按自己的方式教学。

家长宽容一点会更好。我妈妈就非常宽容，只要我做得对，没有坏处，她就支持我。在学习上，她也会去帮助我，告诉我更多的方法。

导：周围的同学知道你有阅读障碍吗？

若汐： 有一部分同学知道。

导： 你会有压力吗？

若汐： 没有压力，没有影响，他们也会和我很正常地交朋友。

导： 你会不会介意朋友把你有阅读障碍这件事告诉别人？

若汐： 不介意，可能告诉别人自己会更轻松。

导： 我觉得你说得特别好，自我认识和自我接纳，是成功的第一步。

若汐： 主要是自己去和自己沟通，找到自己的位置，家长也得去开导一下。

"人生因此而更丰富"

——若汐妈妈

访谈时间：

2023 年 3 月 30 日，若汐初中二年级。

李瑞华（以下简称李）： 片子播出之后这几年，若汐有什么样的变化呢？能否介绍一下她这3年的成长？

若汐妈妈： 她和其他孩子一样，在这3年里完成了从儿童到青少年的跨越。当时拍摄纪录片时，她已经充分认识到自己在某方面与众不同，了解之后也就没有那么痛苦了，本身她的性格挺乐观的。我也从不回避阅读障碍问题，不觉得是什么病症，其实就是孩子不同而已。总的来说，她和其他孩子没有太大的区别，认识到这一点也就不惶恐了。

李： 那您觉得若汐这几年的成长体现在哪些方面？

若汐妈妈： 最近我觉得她的思想变得深刻了。这学期我们刚转学，去了新环境，她不能说如鱼得水吧，但确实是挺欢快的。她结交了新朋友，有人主动和她交朋友，表达对她的认可和欣赏，她跟我交流这些的时候，表现得很理智、很成熟，也不拖泥带水，让我刮目相看。朋友的成绩不太好，若汐还鼓励她，要带着她一起"上岸"，给人家分享自己的刷题经验。她的新朋友看见了若汐的优点，说她很优秀，说她聪明，在被别人看到之后，若汐能更加客观地评价自己，能够接受自己的优点和缺点，每天都挺快乐的。她也有自己的想法，有时候还会质问我，独立性明显强了，自我意识越来越突出。

李：您觉得她的学习成绩、学习方法、学习态度等有没有变化？

若汐妈妈：她的学习态度一直非常积极。她特别想学好，自己也在想办法，她经常向爸爸求教，向姐姐求教，有的时候还会要求我给她找个老师。如果没人帮她，她就自己通过互联网搜索，通过看小视频，自己把问题弄透。别的孩子半小时能完成的作业，她可能一个半小时都不够。她是真的和别的孩子不一样。她有时候会说："妈妈，我有时候会反省自己，什么是真努力，什么是假努力。我以前可能是假努力，因为方法不对。"

李：您对孩子的未来有什么样的规划？

若汐妈妈：其实我没有太长远的规划，目前我和她还有我们家里的成员都是尽其所能地过好每一天而已。她努力学习，我们就是尽自己所能地做好后勤保障，然后做一些信息的收集和储备，因为咱们孩子不一定能考上高中，但是其实出路很多。现在我们不为这个事情焦虑，就是说我们该努力努力，该学习学习，将来能上什么学就上什么学，都没有关系，我已经放下了执念。

李： 那若汐对自己的未来有规划吗？

若汐妈妈： 我觉得她的小目标可能是考上高中，她在朝着这个方向努力。肯定是要上学的，就是上什么学校而已，至于她自己的规划，她的理想可高了，她要上南开大学呢（笑），她以前就说要上南开大学。

李： 嗯，可以朝着这个方向努力。

若汐妈妈： 这个就是作为她自己的一个美好理想。

李： 只要有理想就好。片子播出之后，对你们有没有负面的影响？

若汐妈妈： 我觉得没有。刚播出的时候，我会比较关注网上的评论，偶尔可能还会回复一下。也有人质疑说是不是基因有问题，我觉得这些也无所谓，对我也没有什么不良的影响。

李： 那好的一面，这个片子对你们带来的改变是什么？

若汐妈妈： 我觉得不孤独了，以前不了解的，现在了解我们了；以前了解的，他更加了解了。有很多人跟你产生共鸣，有的时候人其实就需要这些。若汐也额外得到了大家的关注、理解、关爱。她上中学以后，我会把这部片子给她的班主任看，不管能不能得到真实意义上的理解，但是有的老师就会挺心疼她的。若汐也会把这部片子给她的好朋友看，她可能认为别人可以通过这个理解她。若汐的英语老师，认识若汐之前就不止一次看过这部纪录片，所以当我告诉她，这个若汐就是片子里那个若汐的时候，她还是挺震惊的，她就回去又看了一遍。英语老师对她挺上心的，跟我探讨能够切实帮助孩子的方法。所以这个片子的力量还是挺强大的。像我们这样的孩子到了陌生的环境，有别人关注你，主动地去联系你，跟你探讨孩子的情况，是不是很温暖？我们之前一直遇到的是冷遇啊，要感谢这部纪录片。

李： 哈哈哈，咱们这都是互相成就，没有你们的支持也就没有这个片子，这么多年，我们都是互相支持走过来的。刚才你一边说，我一边在一点点回想过去拍摄的那些事情，你自己这些年在教育孩子的心态上有没有变化？

若汐妈妈： 心态上面肯定是有变化的，可能从一开始的望子成龙，望女成凤，了解孩子这个情况后，慢慢变成了要接纳她。我一直在做调整，但是我可能表面上温柔，实际上还是比较强势固执。有的时候我可能不由自主地去给孩子压力。可能跟大多数的父母一样，我虽然不像有些妈妈那样强大，但是我尽量在托举孩子，我觉得我自己也是一直在努力，一直在尽力。

李： 碰到了孩子有阅读障碍问题，你其实一直在开拓自己人生的边界。

若汐妈妈： 我觉得人生其实也因为这个事情而更丰富了，我可能不太会表达，就是各有各的精彩。孩子就像是不同的种子，他有可能暂时没有开花结果，他可能是小草，他也可能是大树，但是小草有小草的快乐，大树有大树的担当，你做好自己就行了。孩子现在就是学习不好，其他有什么不好吗？没有。其实真的挺好的，我觉得生活就是挺美好的。有的时候你就想一想人生到底是为什么，你现在拥有得还不够多，不够快乐，不够好吗？即使是阅读障碍又怎样，是吧？咱们发现她有阅读障碍，但是每个人都有每个人的问题，可能不是这个障碍，但也可能有其他方面的问题，对吧？我们只是在求学的时候遇到了一点困难而已。

伍

不一样,也没关系

———

读库对话：如果你有一个读写困难的孩子

转自"读库立体声"

郑枫，公众号"飞米力"主理人、写作者、影视节目导演，曾出版书籍《天使爱巴黎》《梦旅行·念头集》《奇妙之境》等。老六，著名出版人张立宪，作家、《读库》主编。

访谈时间：2022年7月5日

"阅读障碍"——这是对大多数人而言，仍感陌生的概念。但对那些天生有着阅读障碍的人，却是伴随一生且挥之不去的压力。"阅读障碍"是什么？有哪些表现和特征？它是一种病症吗？与普通人相比，有阅读障碍的人正面临哪些挑战？家长、社会该如何帮助有阅读障碍的孩子健康、快乐地成长？

本期读库立体声，主编老六请到"飞米力"主理人郑枫，纪录片制作人樊启鹏，一起来聊聊读写困难是什么。作为一个有阅读障碍的孩子的妈妈，郑枫将用她的个人经历，讲述如何为孩子营造成长环境，又是如何发现孩子的优势。拍摄过纪录片《我不是笨小孩》的樊启鹏则以观察者的视角，分享他目之所及,那些"读困"孩子的闪光之处。以下为本期对谈的文字节选。

阅读障碍的孩子,有没有另一种可能?

郑枫: 我们家孩子是小学四年级就确认有阅读障碍。一篇一百字的日记,他需要通过语音说一遍,我帮他改正里面的错误,然后他再一个字一个字地抄下来,至少要花两三小时。后来,我带他去专业机构做了评估,确认是中度阅读障碍。

我得知后兴高采烈,反而觉得释然,拿着评估报告就冲到老师办公室,理直气壮地对老师说:"我们家孩子是因为这个情况,所以成绩不好。"

很多家长朋友一发现孩子有"读困",就觉得"天呐,我的孩子天天写不完作业,考试成绩又很差,未来考不上大学,怎么办?"家长们非常焦虑。

这样的孩子,要是想让他们走传统、符合体制的常规升学道路——参加高考,对他们来说太折磨而且太辛苦。我从一开始就很清晰地决定不这么做。再加上我家孩子从两三岁开始,就有了非常明确的兴趣爱好:他从小对植物、动物、矿物异常感兴趣。所以我们当时就决定离开深圳的教育环境，找到一个更加适合他，能够发挥他长处的地方生活、学习，因此来到了大理。

到了大理之后，从挺多方面都让他更加打开了。

樊启鹏：《我不是笨小孩》纪录片中，有一个孩子走的教育路线与郑枫家比较相似。这个孩子刚开始在北京上学，后来也是父母发现了他有"读困"的问题。他的父母都是高知，他们明确意识到孩子肯定有问题，但不知道问题是什么。他们通过学术检索找到这方面的相关研究，才了解到"读困"这个概念。

当他们知道的时候，反倒变得释然。他们观察到孩子在公立学校上学的过程中承受着巨大的压力。孩子在精神和心理上受到的伤害，可能远比读写困难本身带来的问题要大得多。

所以父母最后决定让孩子转学。他们找到一个在外地的私立学校，让孩子不会受到来自排名、成绩等传统教育路径带来的升学压力，孩子一下就放松了。

但那个孩子的性格让他对自己的要求很高。他的同桌是一个学霸，也是他的偶像，他老跟同桌比；他的另一个偶像是乔布斯——乔布斯也是读写困难。

阅读障碍,是病吗?

郑枫: 阅读障碍,首先,它不是疾病;其次,它在生活方面是不会对人造成影响的。这也是为什么很多家长都是在小学二、三年级时,才发现孩子有"读困"——二、三年级,孩子的阅读量增加,写作也开始了。在此之前,这些孩子的表现跟别的孩子没有任何不同。

樊启鹏: 我特别认同郑枫所说,不要把阅读障碍当成疾病。当然,这个"病"的定义不同——如果说你非要从生理上解释阅读障碍,它确实有生理基础、脑结构方面的不同。但如果以这样的标准来定义疾病,其实我们每个人都有病,更不存在完美小孩。

阅读障碍只是人身上的一个特点,只不过恰好这些孩子在面对应试教育时,他们的短板被放大了。要直面这个问题。如果说高考变成考怎么跟毒蛇搏斗,怎么做木匠,那他肯定就奔一流大学去了。

阅读障碍的孩子，有哪些特征？

郑枫：阅读障碍的孩子缺少解码能力，难以将文字符号与声音结合。他们没法直接写作文，需要先说出来，再抄下来，中间多了一道工序。

理论上，对阅读障碍的判断需要专业的评测机构介入，但我们（中国大陆地区）在这方面很欠缺。据我所知，目前只有深圳、北京有非常权威的评测机构。

樊启鹏：阅读障碍的孩子在运动时，协调性可能会有所欠缺。做一些精细的动作时，他跟别的孩子会有差异，但并不是说他不爱运动。有时，他会沉浸在自己的世界里。

我偶然认识了北师大心理学部做这方面研究的同事。那时候听到"阅读障碍"这个概念就让我很吃惊，并且它的比例非常高——约有10%。也就是说我们成长过程中，每一个班级，每一个孩子的周围，阅读障碍到处都有。

阅读障碍的家长，走过哪些弯路？

郑枫： 大部分家长在得知孩子有阅读障碍后，第一反应往往是"我孩子有病"。第二反应就是"我要帮他做治疗，我想要治愈他"。因此，时不时就会有家长挖掘一些所谓的"黑科技""脑科学"研究的新发现，然后带着孩子去做所谓的"脑部治疗"，一次就要花费上万。也有一些家长通过中医的方法，做些徒劳的无用功。

大部分家长还是很焦虑的，因此总想去寻找所谓的突破口。但他们并没有从自己或孩子身上寻找，而是希望借助外力，靠一个神奇的技术就把孩子改变了，病急乱投医。

樊启鹏： 不要以为父母是最熟悉孩子的人。很多时候，要成长的不是孩子而是父母。

《我不是笨小孩》纪录片中，校校就是一个有阅读障碍的孩子，他每天要写大量的作业，而他妈妈又是一个特别认真的母亲。妈妈觉得哪怕你作业做得不好，不会，做错了都没问题，但你不做就是态度问题。她觉得孩子必须完成作业，所以她就刻意去补孩子的短板。这是她当时面对"读困"孩子的方法。其实她走过很多弯路，后来回头看，她后悔了，觉得自己的很多做法没必要，反倒把孩子给弄近视了。

阅读障碍的孩子，也有优势？

郑枫： 有阅读障碍的孩子，智力是正常的，甚至超常的。这样的孩子在学习上，会找到自己的方法。很多成年的"读困"人士，他们都能够归纳总结出自己的学习方式，比如思维导图。

在英国有很专业的"读困"机构，他们的研究表明在"读困"人士身上，拥有一种"读困思考力"。它由六大能力构成：视觉思考力、创意想象力、沟通力、推理力、连结力、探索力。根据这项研究，在这六个方面，"读困"人士都高于常人。

如果你能够从这些方面挖掘孩子的优势，给到他相应的成长环境，他往往能够得到很好的发挥。像英国的科技公司，他们有大量的"读困"人士供职，因为他们的推理能力很强。

例如乔布斯自己是"读困"，所以苹果公司在招工程师的时候，招聘广告里面会特别指出要招"读困"人士，占比达到40%，NASA的占比是50%。

樊启鹏： 不以成绩论英雄，不能用成绩高低来评判他们。《我不是笨小孩》纪录片中，校校的妈妈说："世界上的问题有千万条，总有一款适合你的孩子。只不过恰好我的孩子遇到的是'读困'而已。"她说得很对,没有"读困",孩子也会有别的问题。你怎么去面对孩子的不完美,怎么去发现孩子的长处,让他更好地做自己,这些可能更重要。

孩子有阅读障碍,我该怎么办?

郑枫:一定要去接纳孩子,放下焦虑,然后孩子才能显示出他的优势来。

家长需要换个角度看问题,不要把"读困"当成致命的事。当你觉得天塌下来了,你的所有情绪都会传递给孩子,接下来会引发更多深层次的问题:可能你会一直纠结于成绩,纠结于未来的高考。这种困境持续的时间越长,家长越痛苦,孩子也会跟着痛苦。

家长需要尝试去更多地看见孩子,发现孩子的特点、过人之处,扬长避短。无论怎样,首先要去接纳你的孩子。

樊启鹏:"读困"是一种看不见的障碍,需要社会给到"读困"人士支持。比如说在考试的时候,老师能不能单独给他们延长时间,给他们读题,或者单独出一份卷子,把字印得大一点。这对"读困"孩子来说就是很大的帮助,因为他本身智力没有问题,这个题他会做,只是需要照顾到他的特点。

如果未来能够考虑到这些孩子,给到一些政策支持,就会降低家长的焦虑。我们老说因材施教,其实"读困"的孩子也是"材",但我们并没有做到这一点。

萧敬腾：我这辈子没有答完一张考卷

转自人文书信体节目《我相信》

2023年9月3日

韩雪，中国内地影视女演员、歌手、影视制作人。

萧敬腾，华语流行音乐男歌手、影视演员、音乐创作人。

访谈时间：2022年7月25日

韩雪：老萧小时候有一点阅读障碍。

萧敬腾：一点，也不是一点，就是蛮严重的阅读障碍。小时候我并不知道阅读障碍是什么，我不知道为什么，大家可以看电影的时候看字幕，看完字之后还可以看它的画面。看字的同时，怎么看画面呢？我不行，我看字（的时候），我才（只能）看两个字，我后面的字看不到，画面也看不到，我只看了两个字。

韩雪：就是需要时间来处理这些信息。接下来你还会收到几封信，他们其中有的可能跟你是同行人，也有可能就是跟你有相同的信念。请允许我为你打开下一封信。

樊启鹏（视频画外音）： 萧敬腾先生，您好，我是樊启鹏，一位纪录片导演。我在拍片时就想找到您，因为您是中文世界里第一个承认有阅读障碍的公众人物。我认识很多和您一样的孩子，他们似乎拥有超能力。这群小超人看世界的方式和普通人不一样，有的自带闪光灯，看到的字一闪一烁；有的自带橡皮擦，能擦掉字的偏旁笔画；有的自带万花筒，看什么字都会重叠变形；有的会记忆消除，同一个字，见多少次都像头一回。这些小超人，生活在我们中间。每10~20个孩子中就有一个。人们认为他们笨，他们懒，不是读书那块料，其实他们只是有阅读障碍。

当我第一次知道阅读障碍这个概念时，非常震惊、震撼，我做了多年儿童教育纪录片，还是两个孩子的父亲，竟从未听说过阅读障碍，而且（他们的）比例如此之高。关注这个群体之后，我意识到在成长的路上，他们要比别的小孩经受更多的磨砺。"小超人"校校上学前是落入人间的天使，是全家人的开心果，上学后却成了家中的大难题，连清华（大学）毕业的姥姥也束手无策。"小超人"若汐，一年级只能考30分，经过不断努力，四年级考到了78.5分。妈妈亲手为她做了一张"进步奖状"，这是若汐得到过的唯一一张奖状。"小超人"群晓，出去游玩还想着许愿，祈求自己能有个好成绩，祈求不再被同学嘲笑，讲这件事的时候，群晓爸爸泪流满面。

作为父亲，我看到了阅读障碍家庭的孤立无援，也看到了他们的坚强抗争。作为导演，我想用纪录片拍下他们的故事，让更多的人了解阅读障碍，让那些孩子不再被误解和污名化。萧敬腾先生，您的坦诚为这些孩子带去了光，证明了每个人都有不同的使命和舞台，就像发现了相对论的爱因斯坦，看见人体黄金比例的达·芬奇，以及演唱了一首首经典流行音乐的您。

您的故事应该被更多人看到，照亮更多孩子的成长之路，期待能有机会见到你。樊启鹏，2022年夏。

韩雪： 那我们请出这封信的写信人——樊启鹏导演。您好，樊导！请坐！今天樊导来了，我觉得是不是要给我们现场的观众和电视机前的观众，做一些简单的科普？

樊启鹏： 阅读障碍其实就是指，一个孩子他智力正常，也接受正常的教育，在他的情绪、感知、视力、听力都很正常的情况下，在认字和写字方面存在明显的困难，阅读能力明显低于同龄孩子。它的发生率挺高的，大概平均十几个孩子中就有一个，大约10%的发生率。在学习困难的学障儿童中，如果这个孩子智力正常，也没有学习动机的问题，大概有超过一半、接近80%比例的是阅读障碍。每个孩子症状略有不同。

韩雪： 我很好奇，（萧敬腾）你小时候看到的那个字长的是什么样子？

萧敬腾： 比如，我在阅读一堆文字的时候，就可能长这样吧（萧敬腾画出了他看到的一段文字），就是一大块东西在那里，其实我看到的就是一个个字中的（部件），这（里）边都是字，我感觉就是一坨一坨。

樊启鹏： （这是）非常典型的特征。人类学习阅读，不像其他一些技能是天生的，这个技能是后天习得的。他们表现出来就是，偏旁部首会弄错弄丢，对吧？甚至有一些是活动的，像看动画片似的，不止这个图画来回移，会游、会跑，甚至会闪，读的时候会串行。所以他们读一本书的时候，理解它的意思其实不难，因为很多字还是认识的，困难的是读出来，很难一个字一个字地读出来。

萧敬腾： 老师好了解我！

韩雪： 全球来看，很多历史名人，也是有阅读障碍的，比方说演艺圈大家熟悉的汤姆·克鲁斯就有阅读障碍。

樊启鹏： 还有斯皮尔伯格、乔布斯。

韩雪： 爱因斯坦、丘吉尔……但其实阅读障碍并没有妨碍他们成为各行各业、自己领域里的优秀的人，因为他们智力正常，甚至优秀。

韩雪： 它跟人脑结构、基因有关系，不会随着人的长大而消失，对吗？

樊启鹏： 要想彻底克服或者说不受干扰，是非常困难的，它几乎是会伴随终身。你看我们三集纪录片的主人公都是在小学阶段，要花别人好几倍的时间去学习。他读不懂题，其他的功课也会受影响，比如数学读不懂题怎么办？但是如果家长、老师给他读题的话，他又可能会做。

萧敬腾： 没错，我从来没有在考试的时间内完成一张考卷，从来没有。我为了一个女生，就很努力地去考一个试，我就最多写了1/3，我觉得我已经超速了，因为我大部分时间在读字。真的，我这辈子没有答完一张考卷。

韩雪： 但你说那一次已经非常努力了。对于成年以后的老萧，你觉得阅读障碍这件事情，在你现在的工作上会形成障碍吗？比如要记歌词，或者看乐谱。

萧敬腾： 我的演唱会是没有任何提词器的，歌词就全靠背，地上没有电视屏幕。很多人的演唱会需要提词器，我一个提词器都没有。其实我想看（提词器），但是我看了也没用。

韩雪： 因为唱的速度远远比你看的那个快。

萧敬腾： 要是看的话，我就会这样（发呆的样子）。

韩雪： 我想问问樊导演，你看萧敬腾知道自己有这个问题（时），他已经成年了。但是您的纪录片里，主人公都是小学生，都是孩子，他们在学校可能也会受到一些歧视或者排挤，他们身边最亲的父母就要承受更多的压力，那是一个什么样的状态？

樊启鹏： 压力太大了，父母既要面对阅读障碍这个问题，又要面对孩子每天写不完的作业，还要面对周围的不理解，这些事有时跟人没法解释，他们甚至会认为你是在偏袒孩子。

韩雪： 我想问问二位，对于这些孩子，我们到底能身体力行地做些什么去帮助他们？

萧敬腾： 我觉得最需要的就是理解，没有什么比理解更重要了。因为理解了，可能我会更早地找到我爱的事情，可能我会更早地去接触画画，更早地去接触音乐。

樊启鹏： 对，我觉得父母要是发现孩子有这个问题，首先是要找到专业的、权威的机构，寻求专业的帮助，但更主要的其实真的是理解，在他们最难的阶段，陪伴孩子。

韩雪： 您觉得您心中的"我相信"是什么？

樊启鹏： 我相信每个生命都是独一无二的，我们应该对每一个奇特的生命充满敬畏。

致　谢

能够闯入"阅读障碍"领域，做一些影像和文字的记录工作，真是我们的福报。

我们有幸遇到 3 个家庭，他们毫无保留地接纳镜头，真诚地敞开心扉。我们也有幸得到舒华教授、李虹教授、邢爱玲老师团队的学术支持，她们随时给摄制组答疑解惑，无私分享自己的研究成果。没有他们的倾力支持，就不可能有纪录片和这本访谈录！

感谢纪录片的所有拍摄对象，感谢本书的所有受访者！

感谢北京师范大学纪录片研究中心主任张同道教授，他是我们的授业恩师，也是《我不是笨小孩》的节目监制，对我们的成长和创作给予了诸多支持！

感谢北京师范大学艺术与传媒学院的王宜文教授和北京联合大学应用文理学院的杜剑峰教授！多年来，他们都以各种方式支持我们的创作和研究，也给我们很多生活上的帮助！

特别感谢《我不是笨小孩》的制片人、中央广播电视总台影视剧纪录片中心张旭女士！是她认可这个选题并推动在央视立项，才有了国家电视台的大力支持，这对于宣传普及阅读障碍至关重要。

感谢《我不是笨小孩》的制作团队！柯凯、庞雪梅在摄影、录音方面付出很多，为本书提供了基础的影像文献。

感谢中国纺织出版社有限公司心理图书分社社长关雪菁女士对本书选题的关注和认可，感谢本书责任编辑且同为阅读障碍儿童家长的王羽女士为本书出版倾注心血！

感谢北京师范大学艺术与传媒学院的三位硕士研究生张炜婕、岳天舒和谢秦峰，他们参与了一部分编校工作，承担媒介转换、文字整理和校对等工作，为本书作出了很多贡献。

感恩并祝福！也期待有更多的人，一起参与力所能及的行动，让社会变得更加美好！

编者

2024 年 3 月 15 日

附录 给中国家长、教师的资源清单

研究机构

北京师范大学认知神经科学与学习国家重点实验室	舒华、刘丽
北京师范大学心理学部	李虹、邢爱玲
北京大学心理学系	孟祥芝
中国科学院心理研究所	毕鸿燕
陕西师范大学教育学部	赵微
首都师范大学心理学院	赵婧
深圳大学学习差异研究中心	詹勇、董理
北京联合大学特殊教育学院特教系	张旭

医疗机构

北京大学第六医院	王久菊
深圳儿童医院	杨斌让
南京妇幼保健院	池霞
中山大学附属第三医院	邹小兵

复旦大学附属儿科医院　　　　　　　　骆丹丹

― 教育教研部门 ―

陕西师范大学附属实验小学　　　　　罗坤、李军
　学习支持中心
北京西城区教育学院融合教育中心　　王玉玲

― 干预机构 ―

读写困难生态干预与优势发展应用研究院（康翠萍博士）
卫宁阅读障碍中心
刘氏视听动（刘骋博士）

― 社会组织与慈善机构 ―

飞米力读困家庭社群
深圳市学习困难关爱协会（学爱会）
深圳市贝石公益基金会
广州图书馆"易读空间"

― 影视作品 ―

纪录片《我不是笨小孩》，李瑞华、樊启鹏导演，2021

《地球上的星星》[印度]阿米尔·汗导演,2007

图书

[1] 孟祥芝.走出迷宫:认识发展性阅读障碍[M].北京:北京大学出版社,2018.

[2] 萨利·施威茨.聪明的笨小孩:如何帮助孩子克服阅读障碍[M].刘丽,康翠萍,译.北京:北京师范大学出版社,2019.

[3] 布罗克·艾德,费尔内特·艾德.隐形的天才:如何教育有读写困难的孩子[M].蒋麦畦,等译.成都:四川人民出版社,2020.

[4] 郑枫.奇妙之境[M].深圳:海天出版社,2022.

[5] 品川裕香.我没偷懒!:读写记忆困难儿童案例[M].李佳星,译.北京:新星出版社,2019.

[6] 赵微,李文玲.小学审辩阅读教学系列丛书(全四册)[M].北京:中国纺织出版社有限公司,2023.

[7] 北京市西城区融合教育中心学习特殊需要教研组.与众不同的学生:学习障碍等特殊需要学生的评量与干预案例精选[M].北京:北京师范大学出版社,2022.

[8] 康翠萍.康博士的阅读课.北京:中国纺织出版社有

限公司, 2022.

[9] 玛丽安娜·沃尔夫. 布鲁斯特与乌贼：阅读如何改变我们的思维 [M]. 北京：中国人民大学出版社, 2012.

[10] 斯坦尼斯拉斯·迪昂. 阅读与脑：破解人类阅读之谜 [M]. 周加仙, 译. 杭州：浙江教育出版社, 2018.

[11] 丹尼尔·T. 威林厄姆. 心智与阅读 [M]. 梁海燕, 译. 杭州：浙江教育出版社, 2020.

[12] 王玉玲. 遇见阅读障碍——教师和家长怎么做 [M]. 北京：北京师范大学出版社, 2023.

[13] 菲利普·舒尔茨. 诗意人生：我和我的阅读障碍 [M]. 北京：中国纺织出版社有限公司, 2024.

[14] 洛塔·乌西塔洛, 凯萨·沃瑞宁. 看见好品格：培养有持续幸福力的孩子 [M]. 杨静, 牛双红, 译. 北京：中国纺织出版社有限公司, 2024.

图书在版编目（CIP）数据

不一样，也没关系：《我不是笨小孩》成长访谈录 / 李瑞华，樊启鹏主编 . -- 北京：中国纺织出版社有限公司，2024.6
ISBN 978-7-5229-1723-8

Ⅰ.①不… Ⅱ.①李… ②樊… Ⅲ.①青少年–心理健康–健康教育 Ⅳ.①G444

中国国家版本馆CIP数据核字（2024）第081099号

责任编辑：王 羽　关雪菁　　　责任校对：王蕙莹
责任印制：王艳丽

中国纺织出版社有限公司出版发行
地址：北京市朝阳区百子湾东里A407号楼　邮政编码：100124
销售电话：010—67004422　传真：010—87155801
http://www.c-textilep.com
中国纺织出版社天猫旗舰店
官方微博 http://weibo.com/2119887771
北京华联印刷有限公司印刷　各地新华书店经销
2024年6月第1版第1次印刷
开本：787×1092　1/32　印张：10.25
字数：150千字　定价：65.00元

凡购本书，如有缺页、倒页、脱页，由本社图书营销中心调换